U0094716

Erich Fromm

To Have or to Be?

擁有還是存在？

物質占有與精神追求的靈魂抉擇，佛洛姆談人類存在的真諦

埃里希・佛洛姆 著

梁永安 譯

佛洛姆談「擁有」與「存在」的區別：

我說的「存在」是一種生命樣態，在這種樣態中，一個人既不擁有也不渴望擁有任何事物。它是一種充滿喜樂的生命樣態，人會富創造性地運用自己的能力，達到與世界合一的境界。

重存在樣態的人依靠他們存在著的事實：他們知道自己是活生生的，知道只要他們有勇氣放手和去回應，就會產生新的事物。在談話中，他們充滿活力，因為他們不會患得患失而壓抑自己。這種活力具有感染力，常常能幫助對方超越以自我為中心的態度。

人可以擁有愛嗎？如果可以，那愛就必須是一件物品，是一個你可以占有和保有的實體。但事實上，世上並沒有「愛」這種物品。「愛」是一種抽象，可能是一個女神或天外來客，但是沒有任何人親眼見過。事實上，只存在愛的行為。愛是一種生產性活動。愛是關心、懂得、回應、確信和享受，不論愛的是一個人、一棵樹、一幅畫還是一個想法，皆是如此。它意謂著賦予生命，增加被愛對象的活力。它是一個自我更新、自我加強的過程。

只有當我們減輕重擁有生命樣態，也就是當我們不再執著於我們的自我和擁有物，以尋求安全感和身分認同的時候，重存在生命樣態才會浮現。

對於那些主要以擁有的方式與世界產生關聯的人來說，不能被輕易固定下來（或寫下來）的觀念都是可怕的，因為它們就像所有會成長和變化的事物一樣難以控制。

對於那些以存在的方式與世界產生關聯的學生來說……他們會被課程內容吸引，興味盎然。他們不會被動地接受別人說的話和觀念，而是會聆聽，最重要的是，他們會以主動和富創造性的方式接收並做出回應……對這種學生來說，聆聽是積極活躍的過程。他們帶著興趣聆聽，聽到老師的話，並自發地做出積極的回應。他們不是單純地獲取他們可以帶回家和背誦的知識。

「擁有」是以越用越少的物品為基礎，反觀「存在」卻會隨著實踐而成長茁壯。理性的能力、愛的能力、藝術創造的能力和知性創造的能力，這些本質性的能力都會在表達的過程中成長。用掉的東西不會失去，會失去的反而是盡力保留的東西。

要去除對死亡的恐懼，不是說要做好死的準備，而是持續努力減少重擁有樣態，增加重存在樣態。正如史賓諾莎所說的，有智慧的人思索生命而不思索死亡。

導讀　尋回人之本來面目

紀金慶（臺灣師範大學助理教授）

佛洛姆是現代精神分析理論的大師，而這部《擁有還是存在？》是他的經典力作。在全書的一開頭，佛洛姆就點出自工業時代起，一代又一代的人將希望與信念建立在「無止境進步」的「大應許」（the Great Promise）下，而另一方面，現代科學也讓現代人自覺無所不知，我們正在成為掌控周遭一切的神祇。

現代人以他的認知與實踐所建立的這個現代世界已遠離了自然世界，甚至也脫離了宗教世界。

然而，從另一種角度重新解讀你我現在所置身的現代世界也許更為貼切：人類在告別源初自然後，我們現在正深陷人造的第二自然之中，在這個人造世界裡我們同樣擺脫不了各種技術體制不得不然的更新發展。說來弔詭，人從使用技術、運用體制改造世界的人，轉眼間變成技術和體制自然而然更迭發展下，隨時會因為自我更新速度太慢而被科技遺棄的子民；因此，我們也不是表面上看來的那樣以科學理性取代了宗教信仰，而是進入另一種數據與模型的科學迷信裡，凡是一切能經由計畫和計算所肯定的，人們便視為實際，而但凡無法以模型或計畫度量的一切，我們視之為無物。

現代世界之所以是今天這個樣子，當然也是人性的一部分，畢竟面對無端的生命，誰不想有個明確的方向與秩序？只是這樣的確定性在經過自科學革命與工業革命以來四個世紀的固化後，直至今日幾乎成了一環扣著一環的精算系統時，人坐上了這座高速發展的現代列車後，似乎再無迴身轉圜的空間。

生而為人，總是去占有什麼、擁有什麼，正在成為我們現代生命的價值信念，佛洛姆在書中稱這種生命樣態為「重擁有樣態」（the mode of having）；而在書中，佛洛姆為求從這種時代病中轉出，他積極思索另一種被遺忘許久、人之所以為人的本真生命樣態「重存在樣態」（the mode of being）。

在「重擁有樣態」中，我們不免誤以為我之所以是我，且有別於其他人的關鍵，在於我擁有什麼別人沒有的東西。從直覺上來看，這個觀點似乎是實際的，只是我們忘了檢視這種思想前提究竟是有利於什麼，因此眼下的這個社會不斷將這種思想根深柢固地深植於我們心中，讓它成為彷彿天經地義的道理？如果現在不是一個持續不斷生產，也因此需要無數人無時無刻消費的世界的話，人類有必要生成這樣的價值觀嗎？並且我們也必須更進一步地想，如果這個社會總是需要人去持續生產和不斷消費的話，那麼這個社會可能讓我們得到某個得以滿足的生活嗎？畢竟如果我已對現狀滿足、感到幸福的話，那麼這個不斷推高產能與消費的社會機制就會有停擺的危險。

因此，為了讓人能「正確的」將人生焦點擺放在那個「有利於社會（運作）」的地方，現代世界必須讓你對人生想像的重點從真正重要的地方挪移出去，而那個被默默挪移出去的、因而被遺忘的本貌，正是佛洛姆在這本書中透過挖掘各種傳統所要為人性尋回的人之本來面目。

這個本來面目就是佛洛姆在書中所說的「重存在樣態」。一朵花的美好就在你的眼前，你不需要去占有它也能共享這種生命之美。一種情意的自然流露，也無需將其化為任何形式的占有才能領受那種美好，古典的詩詞曲賦就是這樣的存在。因此，其實存在一種能真正體現自我存在的生命方式，那就是將某種存在的美好綻放出去，在書中佛洛姆用十分具象的例子為我們說明：當光線穿過一只湛藍杯子，杯子之所以在觀者視覺中是藍的，正因為它在吸收所有其他顏色的光後，唯一不保留給出的是藍色的光波，而那唯一不占有而給出去的，恰恰成了我們眼中它之所以成為它的存在。

為此，佛洛姆在這裡將「重擁有樣態」與「重存在樣態」與他一貫劃分的「死亡之愛」與「生命之愛」作扣合。因為生命本是活潑流動，而重擁有的生命態度總是不自覺的傾向扼殺這種流動性而將其圈禁，以利於「掌控」；與之相反，重存在的生命態度則往往選擇以泰然任之，欲令他眼中美好的一切不塞其源、不禁其性地蔚然卓立，也因此愛生的待人接物的方式往往傾向於「對話」。

對話，是一種創造性活動，它是一種讓雙方各抒其志，而後彼此之間生成新空間的方式，在那個超越你我雙方的第三界域有某種異於以往的新生命在那裡誕生，既來自於你，也來自於我，既不同於你也不同於我，這是一種喚醒事物的方式，它會讓本來生發的一切變得更加栩栩如生，也會讓進入對話的雙方在過程中看見自己原來可以如此超越自己原先的立場，彷彿看見另一個全新的自我。

我們可能直覺這種經驗過於理想化，可是實際上這是在我們生活中隨時可能發生的樣態。在書中，佛洛姆就以戀愛中的兩個人作為舉例，當雙方關係還不明朗時，往往彼此有著情愫的雙方會不自覺地嶄露自己最具生氣、最富吸引力的種種樣貌，那時的雙方都在綻放自己的可能性，重在給予或激發對方存在的什麼。

其實，同樣的經驗也見於一個對於工作或創作還擁有激情的人。因此，佛洛姆在書中也檢視了現代人對於「主動」（activity）的觀念。在現代，人們容易將積極主動設想為運用精力去取得明顯效果的行為，而佛洛姆提醒我們這種看似積極的生活態度有時掩飾了自我的逃避，我們汲汲營營於無以數計的操煩中，以忙碌的假象來迴避我們能夠更積極對待人事物的可能性，這是現代社會有意設計出來讓人「異化」（alienation）的方式。不同於既定的主流觀點，佛洛姆指出生活中許多看似不現實、不積極的行動方式其實反而具有真正的主動性，這種真正具有主動性的行動反而是給予一定的空間與時間，讓事物或關係得以用自己的本性發展，而後我們隨著那種油然而生的勢態帶著我們進入一種非制式計畫的創造動能中，我將在某個時刻看見我意料之外的自己，這種創生性正是讓生活變成一種生命藝術的可能性。

目錄

擁有還是存在？

行之道在於存在。（The Way to do is to be.）

——老子

人應該多關注自己的存在，少在意自己應該做些什麼。

——愛克哈特（Meister Eckhart）

當你的存在越微弱，生命主張越匱乏——你可能因而擁有得越多，但你的生命也就異化得越厲害。

——馬克思（Karl Marx）

自序

本書延續了我過去作品中的兩種寫作傾向，其一是拓展我在基進—人本主義精神分析領域的研究，集中分析「自私」和「利他」這兩種基本人格取向。本書最後三分之一的篇幅（即「第三部分」）把我在《健全的社會》（*The Sane Society*, 1955）和《希望的革命》（*The Revolution of Hope*, 1968）兩書中所探討的主題進一步延伸，討論當代社會的危機及其解決的可能性。重複之處在所難免。但我希望這本書採取的新視角和它擴展的概念，會讓熟悉我以往著作的讀者仍然覺得值得一讀。

事實上，曾經有過兩本書名幾乎與本書一模一樣的著作，一是馬塞爾（Babriel Marcel）的《存在與擁有》（*Being and Having*），一是斯泰赫林（Balthasar Staehelin）的《擁有與存在》（*Haben und Sein*）。這三書都是基於人本主義精神寫成，但切入主題的角度卻不相同：馬塞爾從神學和哲學的立場出發；斯泰赫林的書對現代科學中的唯物主義做了建設性討的論，並為「現實分析」（Wirklichkeitsanalyse）提供貢獻。至於本書，則對擁有、存在這兩種生命樣態進行經驗心理學分析和社會分析，我推薦對這個主題很感興趣的讀者閱讀馬塞爾和斯泰赫林的書。（我直到最近才知道馬塞爾的書已經出版了英譯本，所讀的是貝芙麗．休斯〔Beverley Hughes〕供我個人閱讀的優秀英譯。本書「參考書目」所列的是已出版的英譯本。）

為了增加本書的可讀性，書中註腳無論在數量還是篇幅都盡量做到簡要。一些參考文獻會出現在正文中的括弧裡，文獻的詳細資料可在本書的「參考書目」找到。

我也想說明另一件關於寫作風格的事：我對「人」（man）和「他」（he）這兩個通稱的使用方式。我相信我避免了所有的「男性取向」詞彙，為此，我要感謝瑪麗昂．奧多米霍克（Marion Odomirok）讓我認識到，這方面的語言使用問題比我之前以為的要重要得多。在處理語言中的性別歧視問題時，我們僅有一點未能達成共識，即是否應該用「人」（man）一詞來指稱「智人」（*Homo Sapiens*）這個物種。不帶性別地使用man一詞，是人本主義思考的悠久傳統，因此我認為必須用這個詞才能清晰地表示人類特性。德文中以不帶性別的字Mensch來指稱人類，就不存在這樣的難題。但即使在英文中，man一詞一樣可以像德語的Mensch那樣，沒有性別差異的意味。我認為，最好的做法是恢復man一詞不帶性別的涵義，而不是以笨拙的詞語來代替。我在本書中使用首字母大寫的Man，以表明我在使用這個詞時是沒有性別意味的。

接下來是向幾位人士表達謝忱的愉快任務，他們都對本書的內容和寫作風格有所貢獻。首先，感謝萊納·芬克（Rainer Funk）在許多方面為我提供莫大的幫助，包括長時間與我討論，幫助我理解基督教神學的一些細緻問題；孜孜不倦地為我指出神學領域的相關文獻；多次閱讀本書手稿，提出寶貴的建設性意見和批評，相當程度地豐富了手稿的內容，並糾正一些錯誤。我非常感激瑪麗昂·奧多米霍克，她細心入微的編輯工作使本書內容獲得大幅提升。我同樣要感謝瓊·休斯（Joan Hughes）一絲不苟地為本書諸多版本的手稿耐心打字，並對寫作風格和措辭提出很多寶貴意見。最後我要感謝安妮斯・佛洛姆[1]，她閱讀了本書諸多版本的手稿，並總能提出有價值的洞見與建議。

——埃里希・佛洛姆，一九七六年六月於紐約

1 譯註：安妮斯・佛洛姆（Annis Fromm）是佛洛姆的第三任，也是最後一任妻子。

—導論—大應許、大應許的落空與新的替代方案

幻想的破滅

自工業時代伊始，一代代人將希望和信念建立在「無止境的進步」這種「大應許」（The Great Promise）的基礎之上。他們相信人必將征服自然，物資會變得無比豐盈，最多數的人會得到最大的幸福，個人自由會不受限制。我們的文明固然是始於人類開始積極控制自然之時，但一直到工業時代來臨之前，這種控制都是非常有限的。隨著工業技術的不斷進步，機械能（mechanical energy）和核能代替了畜力和人力，電腦代替了人腦，讓我們感覺自己正在邁向無止境生產的境界（也因此

是無止境消費的境界），感覺技術讓我們無所不能，科學讓我們無所不知。我們正在變成神，有能力創造第二個世界，自然界只是我們用來創造新事物的材料。

男人和越來越多的女人感受到一種新的自由。他們成為自己生活的主人：社會階級的束縛已然打破，可以隨心所欲了，至少他們感覺上是如此。儘管這樣的情況僅適用於社會的上層階級和中層階級，但他們的成就可以讓其他人相信，只要工業化保持步伐，新的自由最終將惠及社會的每個成員。社會主義和共產主義原來的目標是建立新的社會和打造新的人，但它們很快便改弦易轍，其理想轉為讓所有人過中產階級的生活，把未來的男人和女人變成標準的中產階級。而讓所有人獲得富有而舒適的生活，理應讓所有人感到無限的幸福。無止境的生產、絕對的自由和無限的幸福，這「三位一體」形成新宗教「進步教」（Progress）的核心，而「上帝之城」（City of God）被「人間的進步之城」（Earthly city of Progress）所取代。難怪「進步教」這個新的宗教會讓信眾感到充滿力量和希望。

必須具象化「大應許」的富麗堂皇——工業時代讓人驚嘆的物質與知識成就——才能理解當人認知到它的允諾落空後所經受的精神創傷。因為工業時代確實已無法兌現它的偉大允諾，越來越多的人開始認識到：

- 無節制的滿足欲望無益於增進人類的福祉，它不會帶來幸福，甚至不會帶來最大的快樂。
- 想成為自己生活的獨立主人的夢想破滅了，因為我們開始意識到自身不過是官僚系統機器裡的齒輪，我們的思想、情感、品味，都由政府、企業和它們控制的大眾傳播媒體操縱。
- 經濟進步僅見於富裕的國家，貧國與富國的差距日益增大。
- 科技進步帶來生態危機和核戰危機，其中任何一個都可能導致所有文明乃至所有生命的毀滅。

一九五二年，長期在非洲從事人道醫療工作的史懷哲博士（Albert Schweitzer）在奧斯陸領取諾貝爾和平獎時，向全世界呼籲：「我們應該要勇於面對現實……人類已經變成超人。……但這個超人擁有超人的力量卻不具備超人的理性。

隨著力量的增長，他變得越來越可憐。……必然會讓我們良心不安的是，當我們變得越來越像超人時，我們越來越不像人。」

大應許為何會落空？

「大應許」之所以會落空，除了是工業主義內在的經濟矛盾導致，還源於工業體系內部兩項主要的心理前提：一、生活的目標是快樂，是得到最大程度的享樂，讓人的所有欲望和主觀需要獲得滿足（這種主張稱為「基進享樂主義」）。二、自私、自利和貪婪。工業體系為了運作的需要而產生出這些性格特徵，以為可以帶來和諧與和平。

眾所周知，歷史上的富裕階層奉行基進享樂主義。擁有無限財富的人試圖在無限的享樂中找尋生活的意義。例如古羅馬的菁英、文藝復興時期義大利城邦的菁英，還有十八和十九世紀英國和法國的菁英，莫不如此。基進享樂主義式的尋歡作樂，雖然在某些特定時期的特定人群中被奉為圭臬，但在十七世紀之前僅出現過一次例外，而且它從來不符合中國、印度、西亞和歐洲偉大哲人所提出的幸福理論。

那項例外是古希臘哲學家亞瑞斯提普斯（Aristippus）。他是蘇格拉底的弟子，主張最極致地體驗身體的快感就是生活的目的，而快感的總和就是幸福。我們對他的哲學主張所知不多，全都是得自第歐根尼．拉爾修[1]的轉述，但這些轉述已足夠顯示出亞瑞斯提普斯是唯一真正的享樂主義者。在他看來，既然欲望存在，我們就有權去滿足欲望，因而實現人生的目標：快樂。

伊比鳩魯算不上是亞瑞斯提普斯式享樂主義的代表。[2]儘管伊比鳩魯認為「純粹的」快樂是人生的最高目標，但這種快樂意謂著「沒有痛苦」（aponia），意謂著「靈魂的安寧」（ataraxia）。對伊比鳩魯來說，滿足欲望所得到的快樂不是人生的目標，因為這種快樂必定伴隨著不快樂，從而使人遠離真正的目標：沒有痛苦。

1 譯註：第歐根尼．拉爾修（Diogenes Laertius），西元三世紀希臘哲學家，著有《名哲言行錄》十卷。

2 譯註：伊比鳩魯（Epicurus）被認為是享樂主義的主要提倡者。佛洛姆這裡指出伊比鳩魯的「享樂主義」和一般理解的享樂主義有所不同。

（伊比鳩魯的理論在很多方面與佛洛伊德相似。）儘管關於伊比鳩魯哲學觀點的記載常常彼此矛盾，但透過對這些記載的爬梳，仍可推測他曾表達過一種以個人主觀經驗為核心、並與亞里士多德立場相悖的主觀主義（subjectivism）。

其他偉大哲人都不曾說過，欲望的存在可以構成一種道德規範。他們關心的是人類的最佳福祉（vivere bene）。他們思想中的關鍵成分是區分兩種需要。其一，欲望僅是一種主觀感受，其滿足會帶來短暫的快樂；另一種欲望是根植於人類本性的需要，其實現有助於人的成長，能產生真正的「幸福」（eudaimonia）。換句話說，他們關心的是純粹主觀需要和客觀有效需要的分野，前者有一部分對人的成長有害，後者符合人類本性的要求。

自亞瑞斯提普斯以降，十七、十八世紀的哲學家首次明確提出理論，認為人生目標就是滿足每一個欲望。當「益處」（profit）一詞不再意謂著「靈魂上的裨益」（如同《聖經》中所描述的那樣，甚至連後來的史賓諾莎也持相似的觀點），而開始表示物質和金錢上的利益，這種理論很容易就流行起來。這段時期，中產階級不僅甩開了政治枷鎖，還拋棄了人與人之間愛與團結的聯繫，並且認為只為自己而活意味著更加真實地展現自我。在霍布斯（Thomas Hobbes）看來，幸福是貪欲持續推進的過程；拉美特利（La Mettrie）甚至推薦人吸毒，以至少獲得幸福的幻覺；對薩德（Sade）而言，滿足人類的殘酷衝動是正當的，因為這些衝動確實存在，並渴望得到滿足。這些思想家都生活在中產階級取得最後勝利的時代。過去不包含哲學反省的貴族生活準則，現在變成中產階級的實踐和理論。

自十八世紀以來，人們提出了不少道德理論，其中一些是較為高尚的享樂主義，比如功利主義（Utilitarianism），另一些則是堅決反對享樂主義的理論體系，主要代表人物有康德、馬克思、梭羅和史懷哲等。但大約從第一次世界大戰以後，我們這個時代又回到了基進享樂主義的老路上。盡情享樂的觀念與紀律嚴明的工作理想形成奇特的衝突。與此類似，大眾一方面接受狂熱偏執的工作倫理，一方面又沉溺於下班後和假期中的徹底懶散。一邊是無止境的生產線傳送帶和官僚機構的繁文縟節，另一邊是電視機、汽車和性刺激，兩者矛盾地結合在一起。強迫性的工作和完全的懶散一樣，都會把人逼瘋，只有兩者相結合，人才能活下去。此外，這兩種互相矛盾的態度符合一種經濟必然性：二十世紀資本主義除了奠基於公事化的團隊工作，也奠基於對產品和勞務的最大化消費。

理論分析指出，基進的享樂主義不能通向幸福，並且基於人性的角度解釋了其中的原因。但即使沒有理論分析，觀察到的事實也非常清晰地顯示，我們所謂的「追求幸福」並不能產生真正的幸福。我們的社會是由出了名的不快樂的人組成的：孤單、焦慮、憂鬱，具有破壞性和依賴性，迫不及待地要把千辛萬苦節省下來的時間給消磨掉。

我們所處的工業時代是一場空前的社會實驗，其試圖回答的問題是：作為一種有別於幸福和喜樂等主動情感的被動情感，快樂是不是對人類生命難題的一個令人滿意的解答？史上第一次，衝動的滿足不再是少數人的特權，社會有半數以上的人口都能企及。這項實驗已對上述問題給出了否定回答。

工業時代的第二個心理前提，即追求個人利己主義會帶來和諧與和平，以及帶來每個人福祉的增長。不僅理論上是錯的，可觀察到的資料也再一次證明其為謬誤。古典經濟學家當中只有李嘉圖（David Ricardo）一人否定這項原則，那麼，為什麼它是錯的呢？說一個人是利己主義者，除了就他的行為而言，也就他的性格而言。利己主義意謂著我想把一切據為己有，意謂著給予我快樂的是占有而非分享。我必須變得貪婪，因為如果我的目標是擁有，那麼我擁有的越多，我的存在就越豐滿。我必須對所有人充滿敵意：我會想欺騙我的客戶，想摧毀我的競爭者，想剝削我的員工。我永不會滿足，因為我的欲望是無窮的。我嫉妒那些比我擁有更多的人，畏懼那些比我擁有更少的人。但我必須壓抑所有這些情感，讓自己顯得是個笑臉迎人、理性、真誠和友善的人——人人都在假裝是這樣的人。

這種對擁有的激情，必定導致無止境的階級鬥爭。共產黨人揚言他們的體制將會消滅階級，從而終結階級鬥爭，但這是一種幻想，因為他們的體系也是以無止境的消費作為生活的目標。只要每個人都想擁有更多，就必定會有階級的形成，就必定會有階級鬥爭，並在全球範圍內催生國與國的戰爭。**貪婪與和平是無法共存的。**

要不是十八世紀發生的劇烈社會變化，基進享樂主義和無限利己主義不會成為經濟行為的指導原則。在中世紀的社會，如同在一些高度發展的社會和原始社會那樣，經濟行為是由道德原則左右。因此，對經院神學家（scholastic theologian）

來說，諸如價格和私有財產這樣的經濟範疇都是道德神學的組成部分。誠然，神學家為了讓他們的道德準則適應新的經濟需求，常採取一些新的表述方式（例如阿奎那〔Thomas Aquinas〕為「公道價格」〔just price〕的概念加上但書），然而經濟行為仍然是人的行為，因而受到人本主義道德觀的制約。資本主義在十八世紀透過一連串的步驟經歷了徹底的變化，經濟行為遂開始與倫理道德和價值觀念分離。「經濟機器」被認為是自主的實體，獨立於人的需要與意願，它是一個依照自身法則自行運作的體系。工人的艱辛貧苦和大企業的不斷壯大，導致越來越多的小企業破產，這種事雖讓人遺憾，卻是經濟上的必然，人必須像接受自然規律一樣接受它們。

經濟體系的發展不再受制於這個問題：對人有益的是什麼？關鍵的問題變成：對經濟體系的發展有益的是什麼？為了掩飾這種尖銳對立，人們提出這樣的假定：對經濟體系（甚至只是對一家大企業）的發展有益就是對人有益的。支撐這項理論的是一個輔助理論：經濟體系發展所需的個性特質（利己、自私、貪婪）根植於人性之中，因此，扶植這些個性特質的不僅是經濟體系，更是人性本身。那些不知利己、自私、貪婪為何物的社會是「原始」的，其社會成員是「幼稚」的。人們拒絕承認這些個性特質不是導致工業社會誕生的自然驅力，而是社會環境的產物。

另一項因素也很重要：人變得強烈敵視自然界。人是「自然界的異類」，基於生命的條件而受限於自然，但又因具有理性的天賦而超越自然。為了解決自身的生命難題，我們放棄追求人與自然和諧相處的彌賽亞式願景，轉而追求征服自然，依照我們的喜好改造自然，直到征服漸漸變成摧毀。征服心態和敵意讓我們昧於自然資源是有限的和最終會被耗盡的事實，不曉得大自然必將對人類的貪婪進行反擊。

工業社會藐視自然界，藐視所有非機器製造的物品，也藐視所有不是機器製造者的人（主要是有色人種，近年來日本人和中國人才被排除）。今天的人被機械化事物吸引，被無生命的事物吸引，甚至益發被毀滅性力量吸引。

從經濟必然性論人的必須改變

截至目前為止，我們的論證都是指出，我們的社經體系（也就是我們的生活方式）所產生的性格特質是致病性的，最終會導致生病的個人，也因此導致生病的社會。不過，還有第二個論證從截然不同的角度主張人亟需進行深刻的心理改造，唯有這樣能夠預防經濟災難和生態災難。這項觀點是由「羅馬俱樂部」[3]委託調查的兩份報告提出的，其中一份的作者是米道斯（D. H. Meadows）等人，另一份的作者是梅薩羅維奇（M. D. Mesarovic）和佩斯特爾（E. Pestel）。[4]兩份報告都以全世界為範圍，考察技術、經濟和人口發展。梅薩羅維奇和佩斯特爾得出的結論是：只有按照宏觀的規劃在全球範圍進行大刀闊斧的經濟和技術變革，才能「避免重大的和全球性災難的發生」。他們用來證明自己論點的資料都是基於目前最全球化和系統化的研究。（梅薩羅維奇和佩斯特爾的書相較米道斯的報告來說有著某些方法論上的優勢，但米道斯認為想要避免大災難需要更激烈的經濟變革。）另外，梅薩羅維奇和佩斯特爾認為，這樣的經濟變革要成為可能，必須是「人的價值觀和態度（我稱之為人類性格取向）先發生根本變化，比如產生出新的倫理觀和對自然界的新態度」。這番話只是呼應了其他人在他們的報告發表之前和之後所表達的意見：想要發展出一種新的社會，必須同時發展出一種新的人類，至少要讓當代人的性格結構發生根本的變化。

遺憾的是，這兩份報告的寫作風格注重量化、抽象化和去個人化，雖然充分反映了我們這個時代的特徵，但它們卻完全忽視了政治與社會因素，因而無法提出真正切實可行的改革計畫。但不管怎麼說，它們提供了寶貴的資料，並首次將全人類視為一個整體，深入分析其經濟發展的潛在可能性與風險。最難能可貴的是，報告得出了與自己哲學前提截然相反的結論，認為必須建立新的倫理觀和對自然界的新態度。

另一位截然不同的研究者是舒馬赫（E. F. Schumacher），他同樣是經濟學家，但也是基進的人本主義者。他根據兩個論點呼籲人們從根本上改變自己：一是現今的社會秩序把我們變成病態的人；二是除非我們徹底改革社會體系，否則我們將面

3 譯註：「羅馬俱樂部」（Club of Rome），一個研討國際政治問題的全球智囊組織。

4 譯註：這兩份報告分別出版為《成長的極限》（*Limits to Growth*，台灣由臉譜出版）和《人類處在轉折點上》（*Mankind at the Turning Point*）。

臨嚴重的經濟災難。

人必須從根本上改變自身，這不僅是倫理和宗教上的要求，也不僅是如今病態的社會性格對我們提出的心理要求，更是人類想維持自身生存的先決條件。正確的生活方式不再僅是出於道德或宗教上的要求。史上第一次，人的肉身存活取決於人心的徹底改變。然而，要想改變人心，就必須進行激烈的社會和經濟變革，就必須賦予人心改變的機會，賦予這種改變所需要的勇氣和願景。

災難之外還有別的選擇嗎？

以上提及的都是已經出版並眾所周知的資料。然而讓人難以置信的是，沒有人為試圖扭轉看來在劫難逃的厄運認真努力過。在個人生活中，只有瘋子才會對全面的致命威脅麻木無感，然而那些負責公共事務的人對此卻毫無作為，把命運託付給他們的大眾也任由他們毫無作為。

為什麼求生本能（所有本能中最強大的一種）會看似停止發揮作用了呢？最明

顯的解釋就是各國領袖進行了許多行動，使他們可以假裝自己正在採取有效措施來避免災難。他們舉行無數的會議和裁軍談判，做出無數的決策，讓人覺得他們已充分認識到問題的存在並正在著手解決。然而，並無任何真正重要的進展可言。領袖和被他們領導的人都擺出一副知道路徑和正在沿著正確方向前進的樣子，由此麻痺了自己的良知和生存的渴望。

另一個解釋是目前鼓吹自私自利的社會風氣，讓領袖人物視個人成敗高於社會責任。現在，每當聽說有政界或商界領袖為一己之私而做出危害公眾的決定時，我們已不再震驚。既然自私自利已經成了當代社會實用的行事準則之一，人又為什麼不依此行事呢？他們似乎不了解，就像服從一樣，貪婪會讓人在追求自身真正利益的事情上變得愚蠢，包括關係到自己和妻兒性命的事情一樣是如此（參見皮亞傑〔J. Piaget〕的《兒童的道德判斷》〔*The Moral Judgement of the Child*〕）。與此同時，普羅大眾也同樣自私自利，只關注自身事務，很少關心超出個人範圍的事。

但是，對我們垂死的求生本能還有一個解釋：想要預防災難需要我們的生活作出極劇烈的變革，以致我們寧願接受未來的災禍也不願犧牲現有的安逸。凱斯特勒（Arthur Koestler）在西班牙內戰中的經歷很貼切地說明了這種普遍的態度。當佛朗哥的軍隊向前推進的消息傳來時，他正住在朋友舒適的別墅裡。毫無疑問，軍隊在夜裡即將抵達這裡，他極有可能會被槍斃。他如果馬上逃跑還能保住性命。但夜裡很冷，還下著雨，而房子裡溫暖舒適，所以他沒走，於是就被捕了，幾週後在記者朋友的營救下才奇蹟般地存活。有些人寧願冒生命風險也不願接受身體檢查也是同樣心態：他們害怕檢查會診斷出他們患有嚴重疾病，需要動手術。

對於我們何以面臨生死攸關的情境卻無動於衷，除了上述的解釋外，還有另一個解釋。這個解釋也是我寫本書的理由之一。我指的觀點是：除了企業資本主義、社會民主主義（即蘇聯式社會主義）和以技術官僚掛帥、「貌似友好」的法西斯主義以外，我們別無選擇。這種觀點之所以流行，主要在於很少人投入研究嶄新社會模式的可行性和進行實驗。毫無疑問，只要我們當中頭腦最好的人仍舊只關心科技問題，而不會哪怕稍微地關心一下社會體系重建的問題，我們就不會有想像力去設想一種嶄新、合乎現實的替代方案。

本書的宗旨是分析兩種基本的生命樣態——重擁有樣態（mode of having）和

重存在樣態（mode of being）。開篇第一章對兩種樣態的不同提出初步觀察。第二章以讀者有切身感的生活實例為基礎，進一步展示兩種樣態的差異。第三章介紹《舊約》聖經、《新約》聖經和愛克哈特（Master Eckhart，十三世紀的哲學家、神學家）著作中關於「擁有」和「存在」的一些觀點。接下來幾章的工作最為困難：對重擁有生命樣態和重存在生命樣態進行分析，試圖在實證資料的基礎上得出理論結論。到這部分為止，我主要關注的是這兩種基本生命樣式的個人面向。本書的最後幾章探討了兩種生命樣態對塑造「新人類」和「新社會」有何相關性，及針對個人的病態生存和全球災難性社經發展的可能解決方案。

第一部

理解「擁有」與「存在」的差異

第一章

初看「擁有」與「存在」

區分「擁有」與「存在」的重要性

對擁有與存在的區分與選擇不在我們的常識之內。擁有似乎是我們日常生活重要的組成部分：為了活下去，我們必須擁有物品。除此之外，我們必須擁有物品，才能享受它們。在一個以「擁有」為最高目標的文化裡，當我們會以「身價百萬」來形容某個人時，又怎麼會想到在「擁有」和「存在」之間做出選擇呢？正好相反，我們會認為存在的本質就是擁有，會認為一個人若「一無所有」（has nothing），他就「什麼都不是」（is nothing）。

然而偉大的哲人早已把對「擁有」和「存在」的區分視為他們各自思想體系的核心。佛陀教人若想發展到最高境界，就必須拋棄貪念和物欲。耶穌說：「因為，凡要救自己生命的，必喪掉生命；凡為我喪掉生命的，必救了生命。人若賺得全世界，卻喪了自己，賠上自己，有什麼益處呢？」（《路加福音》9：24－25）愛克哈特認為，不擁有任何事物，保持開放和「空」的心靈狀態，不讓自我充當絆腳石，是達到精神豐盈和獲得內在力量的條件。馬克思教導說，奢侈和貧窮一樣是惡，我們的目標應該是充分地存在而不是過多地擁有。（這裡說的馬克思是真實的馬克思，一位基進的人道本主義者，不是被蘇聯共產黨庸俗地扭曲了的馬克思。）

多年來我一直佩服前人對「擁有」與「存在」所做的區分，並試圖以精神分析方法，在對個人和群體的具體研究中尋求這項區別的經驗基礎。我的研究讓我得出這樣的結論：「擁有」與「存在」的區別，如同對生命之愛與對死亡之愛的區別，是人類生命至關重要的問題。經驗人類學的數據和精神分析的數據往往表明：擁有和存在是兩種基本的經驗樣態，它們的相對強度決定個人的性格和不同類型的社會性格之間的區別。

以幾首詩為例

我想以兩首內容相似的詩為引子（已故的鈴木大拙在他的「禪宗講座」中談論過這兩首詩），初步說明重擁有和重存在這兩種生命樣態之間的差別。其中一首是日本詩人松尾芭蕉寫的俳句，另一首的作者是十九世紀英國詩人丁尼生（Alfred Tennyson）。兩位詩人描述了相似的經歷：散步時看到一朵花的反應。丁尼生的詩是這樣的：

牆縫裡的花兒，
我把你從縫中拔出；
連根帶花，都握在我的手中；
小小的花兒——如果我能理解
你是什麼，連根帶花地理解，
我應該也就能明白上帝和人是什麼。

而芭蕉的俳句是這樣的：

當我細細看

薺花正吐豔盛開

倚在籬笆旁！

兩首詩的差別是非常明顯的。丁尼生對那朵花的反應是擁有它。他將它「連根帶花」全部「拔」出來。雖然丁尼生在結尾處思索上帝和人的本質，並追問這朵花在他思索過程中所發揮的作用，但花卻由於他的興趣而遭到扼殺。透過這首詩我們可以看到，丁尼生就像西方的科學家一樣，以探索真理為由而肢解生命。

芭蕉對花的反應截然不同。他不想去摘取它，甚至連動它一下也沒有。他所做的全部事情只是「細細看」。鈴木大拙寫道：

當時芭蕉很可能正漫步在鄉村小道上，他突然注意到在籬笆旁有某種十分不起眼的東西。於是他便向前走近，細細一看，發現那只是一株通常不為人注意、微不足道的野花。這首詩描繪的就是這樣一件極為平常的事情，並沒有什麼特殊的詩意，除了最後兩個音節也許有點例外。這兩個音節在日語中讀為

kana（かな）。這個助詞通常與名詞、形容詞或副詞連用，以表達驚豔、讚美、哀愁或歡樂的情緒，翻譯成英語有時很適合以驚嘆號表達。這首俳句的英譯就是以驚嘆號結尾。

丁尼生似乎需要透過擁有眼前的花來理解人和自然，而他的擁有讓花遭到摧毀。芭蕉則只想看看，但不只是觀賞花朵，還是讓自己與花「合二為一」，並讓花繼續生長。丁尼生和芭蕉的差別，在以下這首歌德的詩中說明得很清楚：

發現

我在樹林裡
孤身漫遊，
我的思想裡
無所尋求。

我看到陰暗處
小花一朵，
好像是明星
又像是明眸。

我想採下它，
它婉言道：
難道採下我
讓我枯萎？

我於是將它
連根掘起，
帶回家中去
放在園裡。

找了個幽靜處
將它種下；
它長出新枝
繼續開花。

歌德漫無目的地散步，途中被一朵美麗的小花吸引。與丁尼生一樣，他動了念頭想要摘下它。與丁尼生不同的是，歌德意識到摘下花就意謂著殺死它。花在歌德心中異常鮮活，會對他說話和告誡他。於是他採取了與丁尼生和芭蕉都不同的行動。他把花兒「連根掘起」，又重新種下，這樣它的生命就不會毀滅。歌德所處的位置在丁尼生和芭蕉之間。在他身上，愛生命的力量在關鍵時刻戰勝了純粹的求知欲和好奇心。無須贅言，這首美好的詩表達了他對研究自然的核心概念。

丁尼生與花的關係就是重擁有樣態，不是物質上的擁有，而是對知識的擁有。芭蕉和歌德與花的關係是重存在樣態。我說的「存在」是一種生命樣態，在這種樣態中，一個人既不擁有也不渴望擁有任何事物。它是一種充滿喜樂的生命樣態，人會富創造性地運用自己的能力，達到與世界合一的境界。

歌德是生命的熱愛者，是反對肢解人、反對將人機械化的傑出鬥士。他的很多詩作都反對「擁有」，而堅決站在「存在」一方。在其作品《浮士德》（*Faust*）中，他對「擁有」和「存在」的衝突有著戲劇化的描述，以魔鬼梅菲斯特（Mephistopheles）作為「擁有」的化身。在下面這首小詩中，他也以簡潔明瞭的語言表達了存在的性質：

財產

我知道沒有事物屬於我
但不受干擾的思想
要從我靈魂裡湧出。
還有每刻大好的時光
拜慈愛的命運所賜

讓我徹底地享受。

東、西方之間的差別基本上並不在於存在與擁有之間，真正的差別在於一個是以人為中心的社會，另一個是以物為中心的社會。重擁有的取向是西方工業社會的特點，在這種社會中，貪求金錢、名望和權力成為主導生活的核心。在異化程度較低的社會裡，比如中世紀社會、祖尼族印地安人（Zuni Indians）社會，以及尚未被現代「進步」思想影響的非洲部落，他們都有自己的芭蕉。大概再經過幾個世代的工業化，日本人也會有自己的丁尼生。並非西方人不能完全理解東方的思想體系（例如榮格就認為西方人不能完全理解禪宗），而是現代人無法理解不以財產和貪欲為中心的社會的精神。實際上，愛克哈特的著作（艱深難懂不亞於芭蕉和禪宗）和佛陀的著作宛如同一種語言的兩種方言。

慣用語的變化

近幾個世紀以來，西方人日益從重存在轉為重擁有的傾向，明顯表現在使用越來越多的名詞，並越來越少使用動詞。

名詞是對物體的恰當指稱。我可以說我有（have）一些物品，例如：有一張桌子、有一幢房子、有一本書或有一輛車。對一個行動或過程的恰當指稱方式是使用動詞，例如說我是（I am）、我愛、我渴望、我憎恨等等。但越來越常見到「行動」以「擁有」的方式表達出來，也就是使用名詞而不是動詞。然而，將擁有與名詞連用以表達行動是對語言的謬用，因為行動和過程是不能被擁有的，它們只能被體驗。

早期的觀察：杜馬赫與馬克思的意見

這種混淆的惡果早在十八世紀就被人注意到。杜馬赫（Du Marais）在其身後出版的《語法的真正原則》（*Les Veritables Principles d la Grammaire*, 1769）中，對這項問題有精闢的論述。他寫道：

在例句「我有一只錶」中，「我有」應從其原本的字義去理解。但在例句「我有一個想法」中，「我有」只是一種模仿「『我有』一只錶」的說法，是一種借用。「『我有』一個想法」指的是我「想到」，或「以某種方式想出」。「我有一個嚮往」意指「我渴望」；「我有意願」指「我想要」，諸如此類。[1]

在杜馬赫觀察到這種名詞對動詞的替代現象一個世紀之後，馬克思和恩格斯在《神聖家族》（*The Holy Family*）中討論了同樣的問題，但立場更為基進。在對鮑威爾（Edgar Bauer）的「批判的批判」所做的批駁中[2]，他們有一段關於愛情，短小卻十分重要的論述。鮑威爾曾說過：「愛情是殘忍的女神。像所有神一樣，她希望得到一個男人的全部：除非這個男人獻出自己的靈魂和肉體，否則她不會滿足。膜拜愛神就是承受痛苦，這膜拜的頂點就是自我獻祭，是自殺。」

針對鮑威爾此言論，馬克思和恩格斯寫道：鮑威爾「透過把『愛著的人』（loving man）或『人的愛情』（love of man）轉化為『有愛情的人』（man of love），把愛情轉化為『女神』和『殘忍的女神』。他因此把愛情和人分開，讓愛情成了獨立的實體」。馬克思和恩格斯指出，在這裡發揮關鍵作用的是以名詞代替動詞。名詞「愛」只是將愛的行為抽象化，是與人分離的。「愛著的人」變成「有愛情的人」。「愛」變成「女神」，成為人投射他的愛戀的偶像。在這種異化過程中，人不再體會到愛情，他只有完全拜倒在愛情女神腳下才能獲得些許愛的能力。他不再是一個有感覺、活生生的人，而是異化為偶像的膜拜者；一旦失去偶像，他便迷失了。

現今的用法

自杜馬赫提出他的語法觀點後的兩百年間，以名詞代替動詞的風氣越來越盛行，程度是他難以想像的。茲舉一個典型但些許誇張的例子。假設有個人去找精神

1 感謝杭士基博士（Noam Chomsky），是他提到杜馬赫我才知道有此人。

2 譯註：《神聖家族》是針對鮑威爾等青年黑格爾主義者而寫，副書名便是「對『批判的批判』（critical critique）的批駁」。

分析師看病，他很可能會這樣說：「醫生，我有一個難題：我有失眠症。雖然我有漂亮的房子、可愛的孩子和幸福的婚姻，但我有很多憂慮。」幾十年前，病人不會說「我有一個難題」，而會說「我很困擾」；不會說「我有失眠症」，而會說「我睡不著」；不會說「我有幸福的婚姻」，而會說「我結婚了，很幸福」。

現在的語言風格表明當今社會已高度異化。透過以「我有一個難題」來替換「我很困擾」，主體的經驗被消除了，經驗中的「我」被所擁有物的「它」（it）所替代。我把我的情感轉化成我擁有的東西：一個難題。但「難題」是各種困難的抽象表述。我不可能擁有一個難題，因為難題不是可以被擁有的事物。不過，它倒是可以擁有我。也就是說，我把自己變成了一個「難題」，然後被自己的創造物擁有。這種說話方式洩露出隱藏著的、無意識的異化。

當然，我們可以辯稱，失眠就像喉嚨痛或牙痛一樣，是一種身體症狀，因此，既然我們可以說「我有喉嚨痛」，就完全有權說「我有失眠症」。但兩者有差別：喉嚨痛或牙痛是劇烈程度不一的身體感覺，但沒有多少心理因素。一個人有喉嚨痛是因為他有喉嚨，他有牙疼是因為他有牙齒。然而，失眠不是一種身體感覺而是心靈狀態，是睡不著覺的狀態。當我說「我有失眠症」而不是「我睡不著」時，我洩露了一種願望：對讓我睡不著覺的焦慮、不安和緊張視若無睹，然後像對待身體症狀一樣對待失眠這個心靈現象。

再舉一例：說「我對你有強烈的愛」是毫無意義的。愛並不是可以被擁有之物，而是一個過程，一種以我們作為主體的內在活動。我可以去愛，我可以沉浸在愛情之中，但在愛裡我不擁有任何事物。事實上，擁有得越少，就能愛得越多。

詞語溯源

「擁有」（to have）是個看似簡單的詞語。每個人都擁有某些物品：身體[3]、衣服、住房。現代人更是擁有汽車、電視、洗衣機等等。生活中不擁有任何物品是不可能的。那麼，為什麼「擁有」會成為問題呢？「擁有」一詞的語言發展史表明，這個詞確實有問題。對那些認為「擁有」是人類存在中最自然之事的人來說，如果他們知道許多語言根本沒有用來表達「擁有」的詞，可能會非常吃驚。例如，在希伯來語中，「我擁有」必須用間接形式jesh li來表達，意思是「它是我的」（it is to me）。事實上，用「它是我的」這種方式表達所有權的語言，比直接使用「我擁有」（I have）的語言更為常見。值得指出的是，在很多語言的發展過程中，是先有「它是我的」，然後才發展出「我擁有」的句構，但誠如班維尼斯特（Emile Benveniste）指出的，這種演變並不會以相反的方向發展。[4]由此看來，「擁有」一詞是隨著私有財產的發展而來的，而在以功能性財產（functional property）為主的社會中，因為擁有財產只是為了使用，因而「擁有」這個詞語是不存在的。這個假說是否正確，或在何種程度上正確，將有待於社會語言學的進一步研究。

如果「擁有」（having）是個相對簡單的概念，那麼「存在」（being），或「存在的形式」（to be），理解起來則要困難和複雜得多。它有幾種不同用法：

一、作為連綴動詞。to be在語法上表示主詞的身分或屬性，例如，我是高個子（I am tall）、我是白人（I am white）、我是窮人（I am poor）。許多語言在這種用法中沒有專門的to be這個詞，例如，西班牙語中，ser用於表示主詞的本質或永久特質，而estar則用於表示主詞的臨時狀態或非本質特徵。

二、用來構成動詞的被動或受害、遭受形態。例如I am beaten（我被打），表示我是他人行為的客體，而非行為的主體。相對的，I beat（我打人）則表示我是行為的主體。

三、用來意指存在。班維尼斯特認為表示存在的「是」（to be），與表示身分認同的連綴動詞的「是」（to be）完全不同：「雖然它們一直共存，並且仍將繼續共存，但它們實際上完全不同。」

班維尼斯特的研究為我們理解「是」（to be）作為實義動詞（即行為動詞）帶來了新的啟發，而不再僅限於作為連綴動詞的用法。在印歐語系中，「是」是透過字根es表達，而es意指「在現實中存在」。存在和現實被界定為「真實、一致、符

3 這裡應該至少提一下的是，人與自己的身體也有一種存在關係（being relationship）：人會體驗到自己的身體是活的，可以用「我就是我的身體」（I am my body）而非「我擁有我的身體」（I have my body）來表述。所有感官覺知（sensory awareness）的鍛鍊都在試圖體驗身體這種存在的經驗。

4 這段和以下的語言學見解都是引自班維尼斯特的《一般語言學問題》（*Problèmes de linguistique générale*）。

合真理的事物」。（梵語中，sant表示「存在的」、「好的」、「真實的」，最高級sattama表示「最好的」。）因此從詞源學上看，「存在」（Being）不僅表示主體與屬性之間的身分陳述，也不僅是用來描述某種現象，而是意指某人或某物的真實存在，用來表達他／她／它的純正性和真實性。當說「某人是」（somebody is）或「某物是」（something is）的時候，是指該人或該物的本質而非外在表象。

對「擁有」和「存在」詞義的初步探討可以得出以下結論：

一、我所說的「存在」和「擁有」並非指某個人的某些獨立特質，如「我有一輛車」、「我是白皮膚」或「我是開心的」這些句子所顯示的那樣。我指的是兩種基本的生命樣態，是對待自我和世界的兩種不同取向，是兩種不同的性格結構，而占支配地位的性格結構能決定人的思維、情感和行為的整體。

二、在重擁有的生命樣態中，我跟世界的關係是一種占有和擁有的關係。我會想要把一切——包括我自身——據為己有。

三、在重存在的生命樣態中，我們必須認識到存在的兩種形式。一種與杜馬赫所說的「擁有」相對，指的是與世界鮮活而真實的聯繫。另一種存在與表象相對，如班維尼斯特在探究「存在」的詞源時所指出的，指向人或事物的真實本質與實在，而非虛假的外表。

存在的哲學概念

讓「存在」的概念討論起來更加複雜的原因，在於它是成千上萬本哲學書籍的主題，而「何謂存在？」一直都是西方哲學的核心命題之一。雖然本書將從人類學和心理學的角度來討論存在的概念，但哲學上的討論與人類學的問題並非完全無關。即使只是簡要介紹存在的概念，自前蘇格拉底哲學（pre-Socratics）至現代哲學的發展，也必定會超出本書的範圍，因此我只打算提及一個關鍵的論點：過程（process）、活動（activity）和變化（movement）是存在的要素。誠如哲學家齊美爾（George Simmel，1858~1918）所指出，存在意謂著變化，意即存在就是生成（becoming）。這一觀點，在西方哲學初期和鼎盛時期各有一位毫不妥協的偉大代表：赫拉克利特（Heraclitus，540BC~460BC）和黑格爾（Hegel，1770~1831）。

巴曼尼德斯（Parmenides，515BC~445BC）、柏拉圖（Plato，429BC~347BC）和經院派的「實在論者」，主張存在是一種永久、無始無終、不變的實體，是生成變化的對立面。但這項主張唯有建立在「思想（理念）是終極實在」的基礎上才具說服力，也就是需要一個理想主義的基礎。如果愛的理念（以柏拉圖的觀點來看）比愛的經驗更真實，我們就可以說「愛作為一個理念是永恆不變的」。但如果我們從活生生的人的愛、恨和痛苦出發，那麼所有的存在同時也在生成與變化。生命結構唯有在生成中才能存在，也唯有在變化中才能持續。變化和成長是生命過程的內在特質。

赫拉克利特和黑格爾把生命視為過程而非靜態的實體。這種基進的生命觀與東方的佛教哲學相似。佛教思想中沒有持久不變的實體（無論是事物或是自我）。除了過程之外，沒有什麼是真實的。[5]當代科學思想透過發現「過程思維」（process thinking）的哲學概念，並將它運用到自然科學，使「過程思維」得以復興。

擁有與消費

在討論重擁有和重生存的生命樣態的簡單實例之前，有必要提及擁有的另一種表現形式，那就是吸納（incorporating）。例如透過吃、喝來吸納某樣東西，是擁有的一種原始形式。嬰兒會把他想要的東西放到嘴裡。這就是嬰兒擁有物品的方式，因為身體發育的程度還不允許他以其他的控制方式擁有物品。我們可以在許多食人行為中，發現吞食與擁有之間具有相同的聯繫。例如，當我吃掉另一個人，我就擁有了他的能力（因此食人可以被視為獲得奴隸的巫術形式）；當我吃掉一個勇士的心臟，我就擁有他的勇氣；當我吃掉一隻圖騰動物（totem animal），我就獲得這隻圖騰動物所象徵的神性。

5 鮮為人知但非常傑出的捷克哲學家費澤爾（Z. Fišer）把佛教的過程概念與純正的馬克思哲學相連結。可惜的是他的書只有捷克語版本，以致大部分的西方讀者無由一讀。（我是從一部私人的英譯本得知他的看法。）

當然，大多數物品無法以吞食的方式被吸納（即使可以這樣做，也會因為排泄而失去它們）。但是，還存在著象徵性和魔法性的吸納。只要我相信我吸納了神的、父親的或是某種動物的形象，它將既無法被奪去，又不會因為排泄而消失。我象徵性地吞食一個東西，並相信它已象徵性地在我體內。佛洛伊德就是這樣解釋「超我」（superego）的：「超我」是對父親的戒律和命令的內攝總體（introjected sum total）。[6]權威、體制、理念和形象都能以同樣的方式內攝：我擁有它們，它們就像是永遠被我的肚腸保護著。（「內攝」〔introjection〕和「認同」〔identification〕常作為同義詞使用，但很難確定它們是否為同一過程。無論如何，不應籠統地使用「認同」，有時「模仿」和「從屬」是更好的表達。）

有很多吸納的形式與生理需要無關，因而也是不受限制的。消費主義固有的態度是吞食全世界。消費者是永遠哭著找奶瓶的嬰兒。這一點在酗酒和吸毒等病態現象是顯而易見的。我們之所以特別挑出這兩種成癮行為，是因為它們會破壞上癮者的社會責任感。吸菸成癖不會受到同樣的譴責，因為它雖然一樣會讓人成癮，但不會影響吸菸者的社會功能，只可能縮短他們的壽命。

本書會對不同形式的日常消費主義予以更多關注。我在此僅想指出，在閒暇時間裡，汽車、電視、旅遊和性愛是今天消費主義的主要對象，然而，雖然我們稱它們為「休閒活動」（leisure-time activity），但它們更精確的稱呼是「休閒被動」（leisure-time passivity）。

總而言之，消費是擁有的一種形式，而且可能是今天富裕的工業社會裡最重要的一種形式。消費具有雙重性質：它可以消除焦慮，因為一個人一旦擁有一樣物品，它就是拿不走；但消費也要求人消費更多，因為之前的消費很快就不再讓人有滿足感。現代消費者以這樣的公式認同自己：我的存在＝我所擁有和消費之物。

6 譯註：在佛洛伊德的學說中，「超我」是父親形象的內化。

第二章

日常經驗中的「擁有」與「存在」

因為我們所處的社會致力於獲得財富和牟利，我們極少看到「重存在生命樣態」的例子，而大部分人也把「重擁有生命樣態」視為最自然的生命樣態，甚至視為唯一可取的生命樣態。凡此皆讓人格外難以理解「重存在生命樣態」的本質，甚至難以明白「重擁有生命樣態」只是一種可能的取向。然而，這兩種概念都根植於人類經驗，不應該也不能以抽象、完全理智的方式來檢視。兩者都反映在我們的日常生活中，必須以具體的實例來探討。下文列舉一些生活中可以看到的例子，希望有助讀者理解這兩種生命樣態的區別。

學習

以「重擁有生命樣態」進行學習的學生會用心聽課，琢磨每句話的邏輯結構和意義，並盡可能一字不漏地把它們記在活頁筆記本上，以便日後可以透過記住這些筆記而通過考試。但上課的內容不會內化為學生個人思想體系的一部分，不會豐富和拓展他們的見解。相反的，他們只是把聽來的話照字面儲存起來。學生和課程內容之間沒有實質連結，只是成為擁有由別人發表的一套言論的人（而發表這些言論的人可能是原創，也可能是取自另一來源）。

以這種方式學習的學生只有一個目的：依賴自己的記憶或認真複習課堂筆記，來牢牢抓住「學到的」內容。他們不必創造新的事物。事實上，擁有型學習者會對一個課題的新思想或新觀念感到不安，因為新知會讓他們質疑已經擁有的、固定的知識體系。的確，對於那些主要以擁有的方式與世界產生關聯的人來說，不能被輕易固定下來（或寫下來）的觀念都是可怕的，因為它們就像所有會成長和變化的事物一樣難以控制。

對於那些以存在的方式與世界產生關聯的學生來說，學習過程的性質完全不同。首先，他們不會像一張白紙那樣去聽課，哪怕是在一門課的第一節課。他們會先想過這項課程要處理的問題，在頭腦中形成自己的疑問。他們會被課程內容吸引，興味盎然。他們不會被動地接受別人說的話和觀念，而是會聆聽，最重要的是，他們會以主動和富創造性的方式接收並做出回應。他們聽見的內容會刺激他們自己的思考過程。在他們頭腦中產生新問題、新想法和新觀點。對這種學生來說，聆聽是積極活躍的過程。他們帶著興趣聆聽，聽到老師的話，並自發地做出積極的回應。他們不是單純地獲取他們可以帶回家和背誦的知識。每個學生都會受到影響並發生變化，每個學生已經不同於聽講前的那個自己。當然，這種學習樣態只有在講課內容發人深省時才可能出現。空洞的講課內容不可能引起任何回應，學生甚至會認為與其聽講，不如把心思用來自行思考。

在此，我認為應該至少略為提及interests（興趣）一詞。因為在現代用法中，它業已淪為一個乏味、過時的詞語，但它的基本意義在其拉丁語字根*inter-esse*裡，意指「在其中」或「在之間」。在中古英語中，這種有積極意涵的「興趣」，用詞語to list來表達（形容詞是listy，副詞是listily）。在現代英語中，to list僅用於空間的意義下，如a ship lists（船隻傾斜）。只有它的否定形式listless（倦怠的），還保留這個詞原有的心理層面意義。to list曾經意指「積極地追求」、「由衷地感興趣」。另一個詞lust（欲望）也具有同樣的詞根，但to list不是指受欲望驅使，而是指積極自由地產生興趣並努力追求。to list是十四世紀的佚名作者在《未知之雲》（*The Cloud of Unknowing*）中所用的核心詞彙之一。現今的語言僅保留了這個詞的否定意義（如listless），這種現象顯示社會精神從十三世紀到二十世紀的轉變。

記憶

人可以在「重擁有生命樣態」或是「重存在生命樣態」下進行記憶。兩者最大的差異在於，人與自己所記憶之事物建立的連結方式有所不同。

重擁有樣態的記憶，連結是機械性的，例如一個詞與下一個詞會因為反覆不斷同時出現而建立起牢固的連結。連結也可能是純然邏輯性的，例如在對立的概念之間，在相似的概念之間，或與時間、空間、大小、顏色等概念所建立連結，又或是在某個特定思想體系內的概念的連結。

在重存在樣態下，記憶積極地喚起詞語、觀點、景觀、繪畫、音樂，就是把回想起的單一事物與和它有關的其他事物連結。在重存在樣態的記憶中，連結既非機械性也不是純粹邏輯性，而是鮮活的。當一個人搜尋合適的字詞時，會啟動創造性思考活動或感受活動，讓一個概念與另一個概念連結。舉個簡單的例子：如果我把詞語「疼痛」或「阿斯匹靈」與「頭痛」相連，我仍然是在進行一種邏輯性的、傳統的聯想。但如果我把詞語「壓力」或「氣憤」與「頭痛」相連，我就把已知的資料和它可能的後果連結起來，而這項洞察是我在研究頭疼現象時獲得的。後者這種記憶本身構成一種創造性思考活動。這種鮮活記憶最突出的例子就是佛洛伊德提出的「自由聯想」（free associations）。

當一個人對於記下許多資料不感興趣時，他會發現，如果想讓記憶力發揮得好，需要一項強烈的和直接的興趣。例如，有些人會在至關重要的時刻，憶起遺忘很久的外語詞彙。以我自己為例，我的記憶力不算特別好，但當我與一個病人再次面對面，並把注意力集中在分析他的人格時，我會記起曾經為他分析過的夢——不管那是兩星期前還是五年前的事。但在此之前的五分鐘，突然要我記起他的夢是辦不到的。

重存在樣態的記憶，意謂著將看過或聽過的事情變得栩栩如生。我們可以透過設法讓見過的一張臉或一片風景浮現眼前，來體驗這種創造性的記憶方式。我們不會馬上想起這個人或風景，我們必須重新創造它，喚醒它。有時這種記憶方式並不容易。要能充分喚起一張臉或一片風景，我們必須曾經夠專注、仔細地看過它。一旦這樣的記憶被喚起，記憶中的人或景致就會栩栩如生，彷彿就在眼前。

以重擁有樣態來記憶一張臉或一片風景，典型的方法是看照片。照片僅能幫助我們認出一個人或一片風景，我們對照片的一般反應是：「對，就是他。」或者「對，我去過那裡。」對大多數人來說，照片變成一種異化的記憶。

筆記是另一種異化的記憶。透過寫筆記，我們擁有了那些資料，也就不需要把它們銘刻在大腦裡。我對我的擁有很有把握，只不過，一旦我弄丟了筆記本，也就弄丟了這項資料的記憶。我的記憶能力離我而去，因為我的記憶庫以筆記的形式成為外化於我的存在。

現代人要記住的事物非常多，完全不做筆記和不使用參考書是不可能的。但是，記憶被取代的傾向越來越嚴重，已經到了極不合理的地步。我們可以很輕易地藉由自我觀察，發現以文字記錄事情使得我們的記憶力減退，但這裡不妨再舉幾個典型的例子。

一個日常的例子發生在商店裡。要計算兩、三件商品的總價，現在的銷售人員很少使用心算，都是馬上使用計算機。另一個例子發生在教室裡。教師發現，上課時仔細記筆記的學生，很可能在理解和記憶上，都不如那些依靠理解力並至少能記住要點的學生。另外，音樂家發現那些讀譜很輕鬆的人，離開樂譜就很難記住樂曲。[1]（托斯卡尼尼〔Arturo Toscanini〕是重存在樣態音樂家的好例子，他的記憶力好得驚人。）最後一個例子來自墨西哥。根據我的觀察，墨西哥的文盲或很少寫字的人，其記憶力遠高於讀寫流利的工業國家人民。拋開其他因素，這說明讀寫能力並不像宣傳所說的那樣是件好事，尤其當人僅使用這種能力去閱讀那些使人喪失感受力和想像力的事物時。

交談

以下兩個關於交談的例子，可以輕易顯示重擁有樣態和重存在樣態的區別。例如，在一場典型的辯論中，A主張X觀點，而B主張Y觀點，兩人都堅持己見。他們在乎的只是找到更好、更有道理的論據來支持自己的觀點。兩人都不打算改變立場，也不預期對手會改變立場。雙方都害怕改變自己的觀點，因為那是他們的所有之物，放棄就等於有所損失。

如果一場談話不是以辯論為目的，情況會有點不同。我們大概都有過這樣的經驗：要去會見一個可能因地位、名聲或真實的內在素養而與眾不同的人，或者去見一個我們有所求的人（可能是想要獲得一份好工作，可能是想要被愛，可能是想要被欽佩）。在這樣的情況下，很多人都會有些緊張，並為這個重要的會面下足準備工夫。他們會事先想好可能會讓對方感興趣的話題，想好如何打開話匣子，有人甚至會規劃好整個談話過程中自己該說什麼。或者他們會盤點自己所擁有的一切，以便向對方誇耀，包括曾獲得的成功、迷人的個性（或是令人生畏的個性，如果這個形象更有效的話）、社會地位、人際關係、外表和行頭。簡而言之，他們在腦中掂量自己的價值，並在這番評估之後，在接下來的談話中亮出自己的「料」。長於此道的人確實會令很多人刮目相看，不過，這種好印象僅有一部分來自個人的表

1 此項資訊由布德莫爾博士（Dr. Moshe Budmor）提供。

演，更多是來自於大多數人缺乏判斷力。但是，如果表演得不高明，則不但不會讓人刮目相看，反而會顯得笨拙、做作和乏味。

與此相反，有些人在與重要人物會面前不會做任何準備，也不尋求任何額外的支持。他們在談話時的反應具有自發性和創造性。他們會忘掉自我，忘掉自己的學識和地位。他們的自我不會阻礙他們，而正因如此，他們才能充分地回應對方及其想法。由於不執著於既有事物，他們能夠產生新的想法，因此更能創造和分享。重擁有樣態的人依賴他們所擁有的事物。重存在樣態的人依靠他們存在著的事實：他們知道自己是活生生的，知道只要他們有勇氣放手並回應，就會產生新的事物。在談話中，他們充滿活力，因為他們不會患得患失而壓抑自己。這種活力具有感染力，常常能幫助對方超越以自我為中心的態度。這樣一來，交談不再是商品交換（資訊、知識或地位的交換），而是變成不在乎誰對誰錯的對話。雙方一同起舞，結束時不是帶著勝利感或失敗感（兩者同樣貧瘠），而是帶著喜悅。（精神分析治療的關鍵因素就是治療師具有讓氣氛活躍起來的能力。如果治療氛圍死氣沉沉，再詳盡的精神分析都不會有效果。）

閱讀

閱讀和交談是一樣的道理，因為閱讀實際上是（或理應是）作者與讀者之間的交談。當然，對閱讀來說（就像與人交談一樣），重要的是讀誰的書（或者與誰交談）。閱讀一本毫無藝術價值的廉價小說就像做白日夢，它不會激發有創造性的回應，會像看電視節目時大口嚼的洋芋片一樣被囫圇吞下。但優秀的小說（比如巴爾札克的小說）可以在人的心裡產生共鳴和積極的回應——即讓人以重存在樣態去讀。只不過大多數時候，人僅以消費型樣態——也就是重擁有樣態——去讀。他們的好奇心被激起，想知道故事情節：例如男主角是死是活，女主角有沒有失身，最後結局是如何等等。小說就像是讓他們興奮的前戲，而結局，無論是喜是悲，才是體驗的高潮。當他們知道結局，他們就擁有了整個故事，彷彿是親身經歷一般。但他們並沒有提升自己的知識：他們不了解書中的人物，因而沒有深化他們對人性的洞察，也因而沒有更加了解自己。

在讀哲學或歷史方面的書籍時，也有這兩種不同的態度。人們閱讀哲學或歷史書籍的方式是由教育所形塑——更精確的說法是「所扭曲」。學校致力於為每位學生提供定量的「文化財產」，然後在學業結束時頒發證書，來證明學生至少擁有最低限度的這種財產。學校教給學生的讀書方法，都是為了使他們能夠複述作者的主要思想。學生就是這樣「得知」柏拉圖、亞里斯多德、笛卡兒、史賓諾莎、萊布尼茲、康德、黑格爾和沙特的哲學的。從高中到研究所，不同層次的教育之間，主要區別在於獲得的文化財產的多寡。而與這種多寡大致對應的是，學生可以在後來的人生指望得到物質財富的多寡。那些所謂的優秀學生能夠精確複述每一位哲學家的話。他們就像博物館裡見多識廣的導覽人員。他們所沒有學到的，是這種財產性知識（property knowledge）之外的事物。他們沒學到要質疑這些哲學家的思想，並與他們交談；他們沒學到如何看出哲學家自身的矛盾，看出他們所遺漏或是避而不談的問題；他們沒學到如何區分一個哲學家的創見和他囿於時代的「常識」而不得不說的話；他們沒學到如何區分一個作者只是在用頭腦說話，還是同時用心和頭腦一起說話；他們沒學到如何區分一個作者是真誠還是虛偽。凡此種種，不一而足。

重存在樣態的讀者常常會得出這樣的結論：廣受讚譽的書籍並無價值可言，或價值甚少。他們對書的理解可能很深刻，有時甚至比作者更透徹，因為作者可能認為自己寫下的所有內容都一樣重要。

行使權威

重擁有和重存在樣態的差別也表現在權威的行使上。關鍵的一點在於「擁有權威」（having authority）和「作為一個權威」（being an authority）的不同。幾乎每個人在人生的某個階段都行使過權威。不管願不願意，撫養子女的人必須行使權威，這樣才能保護孩子免受傷害，才能給予他們最起碼的行為建議。在父權社會，女人是男人行使權威的對象。在像我們這樣官僚制和等級森嚴的社會中，除社會最底層的成員以外，大部分人都在行使權威。

要理解這兩種生命樣態之權威的不同，我們必須知道「權威」一詞是個廣泛的概念，包含兩種截然不同的意義：它或者是「理性的」權威，或者是「非理性的」

權威。理性的權威建立在能力的基礎上，它能夠幫助倚靠它的人成長。非理性的權威建立在權力的基礎上，是用來剝削臣服於它的人。（我在《逃避自由》一書中討論了兩者的區別。）

在最原始的社會裡，也就是在狩獵—採集者的社會裡，權威由公認最有能力的人來行使。如何才稱得上能幹，取決於具體的環境，但需要的條件大致上包括經驗、智慧、慷慨、技巧、風範和勇氣。很多這類部落不存在永久的權威，權威只有在部落有需要的時候才會出現。有時，不同的場合會有不同的權威人士，他們或者負責帶領族人作戰，或者主持宗教儀式，或者負責調解紛爭。一旦權威賴以成立的這些素質消失或者減弱，權威也就終結了。很多原始社會也可以觀察到類似形式的權威，在這類社會中，權威常常不是建立在體力上，而是建立在經驗和「智慧」之類的素質上。一九七六年，德爾加多（J. M. R. Delgado）在一個別出心裁的猴子實驗中，發現猴子老大哪怕只是暫時喪失那些讓牠顯得能幹的素質，牠的權威也會馬上終止。

存在型權威不僅是建立在可發揮某些社會功能的個人能力上，還奠基於高度成長和完整的人格上。這樣的人身上散發著權威感，無須威脅他人、賄賂他人或命令他人。他們是高度完善的個體，不用靠著言行，而是靠著自身的存在，就可顯示人類可成長到何種境界。偉大的先哲就是這樣的權威，而在完美程度較低的境界中，這樣的人也能在各種教育層次與多元文化中找到。（這也是教育問題的關鍵。如果父母自己人格發展較為完善，擁有自己的核心力量，那麼就不存在該採權威式教育還是放任式教育的爭論了。小孩需要這種存在型的權威，並會對它做出積極的回應。相反的，如果家長自己都沒努力去做他們要求孩子的事，孩子會反抗這種壓力、忽視，或過度干涉與控制。）

隨著以階級結構為基礎的社會形成，社會變得比狩獵和採集社會規模更大、結構更複雜，原本建立在能力之上的權威，被建立在社會地位之上的權威所取代。這並不意謂新出現的權威必然是無能的，但卻意謂著能力不再是權威的關鍵要素。無論我們談的是君主制度中的當權者（君主的能力是由基因隨機決定），還是透過謀殺或背叛成功掌握權力的無道德罪犯，還是現代由民主制度選出的當權者（當選人靠的是外表長相和投入選舉的大把錢財），能力和權威幾乎沒有任何關係。

即使是以一定能力為基礎的權威也會存在嚴重問題：一個當權者可能在一個領域裡有能力卻在另一領域裡無能（例如有些當權者在打仗時很能幹，在承平時期的施政卻一塌糊塗）；有些當權者在施政初期誠實且充滿勇氣，但漸漸受到權力腐蝕；年邁和健康問題也可能讓一個人的領導能力變差。此外，我們必須考慮到，小部落的成員更容易評估一位權威者的行為。相較之下，現代社會中的數百萬人，僅能透過公關專家所塑造的形象來認識他們的候選人。

不管能力與權威不再掛鉤的理由何在，在大多數較大型且層級分明的社會裡，權威的異化過程正在上演。權威原本具備的真實或聲稱的能力，被轉化成權威的外衣或頭銜。一旦權威披上恰當的外衣或獲得恰當的頭銜，真正的能力就被表示能力的外在符號所取代。國王可能是愚蠢、惡劣和邪惡的，也就是完全不配當權威，但只要他擁有國王這個頭銜，他就擁有了權威。皇帝即使是裸體，人民也會相信他穿著華麗的衣裳。

人們把權威的外衣和頭銜當作真正能力的代表，這種現象不是自然而然發生的。擁有權威象徵物的那些人和從中獲益的那些人，必須麻痹民眾實事求是的精神

（即批判思維能力），使他們相信虛構的謊言。任何人只要願意思索，就會明白政治宣傳破壞人的批判能力，陳腔濫調讓人麻木和順從。人因而喪失了獨立性，不再相信親眼所見和自己的判斷。他們因為相信謊言，對現實視而不見。

知識與知道

重擁有樣態和重存在樣態在知識領域裡的分別，表現在兩種不同的表達方式中：「我擁有知識」和「我知道」。擁有知識是指獲取和保存可得的知識；而知道則是功能性的，只作為創造性思考過程的手段。

想要更了解重存在樣態下的知識本質，我們可以看看佛陀、希伯來眾先知、耶穌、愛克哈特、佛洛伊德和馬克思等思想家對此問題的見解。在他們看來，「知」始於我們覺察到我們感官的知覺具有欺騙性。這表示我們知覺到的物理現實並不符合「真正的現實」，表示大多數人都是處於半夢半醒狀態，沒意識到他們信以為真的大部分事物都是社會環境以催眠方式製造的錯覺。因此，「知」始於擊碎幻象，始於幻滅後的醒悟。「知」意謂著超越表象，追根溯源，洞見赤裸的真實。「知」不是擁有真理，而是意謂著穿透表象，經由批判，積極地努力，逐步接近真理。

這種創造性穿透在希伯來語中以jadoa一詞來表達，意為「去知」與「去愛」，相當於男性在性行為中的插入動作。佛陀——意指「覺者」——呼籲人覺醒，不再以為物欲可以帶來快樂，由此獲得解脫。希伯來眾先知也呼籲人覺醒，認知到人膜拜的偶像只是他們雙手創造出來之物。耶穌說過：「真理必叫你們得以自由。」愛克哈特曾多次談及「知」的概念。例如，談到上帝時，他說：「知識不是特定的思想，而是剝去一切偽裝，不偏不倚，赤裸裸地奔向上帝，直到碰觸祂並緊握住祂。」（「赤裸裸」也是愛克哈特的同時代作家，《未知之雲》的佚名作者所愛用的詞語。）馬克思指出，人必須摧毀假象，才能創造出不必依賴假象的環境。佛洛伊德的「自我認識」（self-knowledge）概念就是建立在摧毀假象（即「合理化解釋」）的基礎上，因為只有這樣才能意識到無意識的領域。（作為最後一位啟蒙思想家，佛洛伊德在十八世紀啟蒙運動的意義下可說是革命性思想家，但不是二十世紀意義下的革命性思想家。）

這些思想家都關注人類的救贖，都對社會普遍接受的思維模式進行批判。對他們而言，「知」的目的不是「絕對真理」帶來的確定性和安全感，而是人類理性的自我確認。對「有知」的人來說，無知和知識一樣都是好的，因為兩者都是求知過程的一部分。不過，這種無知與毫不思索的無知當然是不同的。在重存在樣態中，最好的知識是更深入地知；而在重擁有樣態中，最好的知識是擁有更多知識。

整體而言，我們的教育教導人把知識當作財富一樣去擁有，數量的多寡大致與日後擁有的財富和社會地位相稱。他們會得到能夠正常工作所需的最起碼知識。除此之外，他們會得到「虛榮的知識包裹」（luxury-knowledge package）以提升他們的價值感，每個包裹的大小與當事人可能的社會地位匹配。學校是生產這些知識包裹的工廠，儘管學校通常宣稱它的目的，是讓學生認識人類心智的最高成就。很多大學院校特別擅於助長這種假象：從印度的思想與藝術，到存在主義和超現實主義，像自助餐一樣提供這些知識給學生，學生奉著自發和自由的名義，這裡挑一點、那裡選一些，而不是專注於某一個課題，甚至不會讀完一整本書。（伊里奇

〔Ivan Illich〕對學校體制的批判，讓這些缺失變得格外明顯。）

信仰

從宗教、政治和個人的角度看，信仰的概念也有兩種截然不同的意義。這取決於它是處於重擁有樣態還是重存在樣態之下。

在重擁有樣態下，信仰表示擁有一個沒有獲得理性證明的答案。它由他人的說法構成，而一個人會接受這些說法，是因為服從於他人（通常在官僚體系中）。官僚體系的真實權力或想像中的權力，賦予信仰確定性。它是加入一大群人的入場券。它免去了人獨立思考和下決定的大麻煩。一個人變成了正確信仰的「快樂擁有者」（beati possidentes）。在重擁有樣態下，信仰提供確定性，宣稱帶給人不可動搖的終極真理。它很容易讓人相信，因為那些宣傳和捍衛這種信仰的人擁有不可動搖的權力。確實，如果確定性只是要求人放棄獨立性，誰會不想選擇確定性呢？

上帝原本象徵著我們內心所能體驗到的最高價值，卻在重擁有樣態下成為一尊偶像。在眾先知看來，偶像是人自己創造的物品，我們把自己的力量投射上去，因而削弱了自身。我們屈從於自己的創造物，並由於這種屈從，以異化的方式與自己產生聯繫。雖然我可以因為偶像是一件物品而擁有它，但由於我屈從於它，它就同時擁有了我。一旦上帝變成偶像，祂號稱擁有的特質就與我們的個人經驗毫不相關，就像那些脫離我們內在需求的政治教條。我們固然可以把這個偶像頌揚為「慈愛天父」，但任何殘酷的罪行都有可能在這個名義下發生，一如對人類而言是具有團結性的異化信仰[2]，有可能讓人甚至不去對最慘無人道的行為提出質疑。重擁有樣態下的信仰，是那些渴求人生確定性的人的枴杖；這種人想要一個對生命的答案，但又不敢自己去尋索。

重存在樣態下的信仰是截然不同的現象。我們有可能離開信仰生活嗎？嬰兒難道不會對母親的乳房有信仰嗎？難道我們不會對其他人、我們愛的人和我們自己有信仰嗎？難道我們可以對我們生活的準則沒有信仰嗎？確實，失去了信仰，我們

2 譯註：指對民族主義之類的信仰。

就會變得精神貧瘠、感到絕望，而恐懼則深植於我們的內心深處。

重存在樣態下的信仰，主要不是對某些觀念的單純相信或認同（雖然也可以是這樣），而是一種內在取向，一種態度。在這種情況下，說一個人「在信仰中」（is in faith），會比說他「有信仰」（has faith）更精確。（神學對fides quae creditur〔信仰即所信〕和fides qua creditur〔信仰即相信〕的區分，類似於我們對信仰的內容與信仰的行為之間的區分。）一個人可以對自己和對他人「在信仰中」，虔誠的人可以對上帝「在信仰中」。《舊約》中的上帝，首先是一種對偶像的否定，否定我們可以擁有的神。雖然上帝的形象被比喻為東方的君王，但從一開始，上帝的概念就超越了這種比喻。不能給上帝名字，也不能為祂塑造形象。

後來，在猶太教和基督教的發展過程中，人們企圖使上帝徹底地去偶像化，或者乾脆規定禁止對上帝的特質做任何描述，以杜絕偶像化的危險。最基進的是基督教神祕主義思想：從偽狄奧尼修斯（Pseudo-Dionysius Areopagita ）到《未知之雲》的佚名作者和愛克哈特，這些神祕主義者傾向於把上帝的概念稱做「至一」（the One）、「神性」（即「無物」），因此與《吠陀經》和新柏拉圖主義的觀點不謀而合。內心深處對自我神性的體驗，使人對上帝深信不疑：它是一個積極、持續的自我創造過程，或者如愛克哈特所說的，是一個基督永遠在我們內心誕生的過程。

如果我對自己、他人和全人類有信仰，如果我相信我們能夠充分實現自身的潛能，那麼這種信仰同樣隱含一種確定性，但這種信心是建立在我自身經驗的基礎上，不是以某個規定我應該相信些什麼的權威為基礎。雖然這種確定性不能用確鑿的證據來理性地加以證明，但我能以我的主觀經驗為根據對它深信不疑。（「信仰」的希伯來文是emunah，意思是「確定性」；「阿門」的希伯來文是amen，意思是「確定地」。）

假如我確信一個人人格正直，那麼即使直到他生命的最後一天，我也無法徹底證明這一點。嚴格來說，即使他到死都保持著人格正直，但從實證主義的觀點來看，仍然不能排除如果他活得更久，他的正直人格或許就會出現缺損的可能。我對他的確信是基於我對他的深入了解，是基於我對愛和正直的個人經驗。要深入了解他人，我必須拋棄大部分的自我，以看出對方的本來面目（suchness），認識到他內在各種力量形成的結構，既看得見他的個性又看得見他的普遍人性。如此一來，我就能知道他有可能做什麼，不可能做什麼，以及將來會做什麼。這當然不代表我可以預測他所有未來的行為，而只是說我可以猜到其行為的大致走向，因為這些行為走向是根植於他的基本性格特徵，例如正直和責任心等等。（參見拙著《自我的追尋》中〈信仰作為性格特徵〉一章。）

這種信仰建立在事實的基礎上，因此是理性的。但這些事實又不是能用傳統的實證主義心理學方法來確認和「證明」的。我作為一個活生生的人，是唯一可以「記錄」這些事實的儀器。

愛

愛也有兩種意義，端視你談的是在重擁有樣態或重存在樣態下的愛。

人可以擁有愛嗎？如果可以，那愛就必須是一件物品，是一個你可以占有和保有的實體。但事實上，世上並沒有「愛」這種物品。「愛」是一種抽象概念，可能是一個女神或天外來客，但是沒有任何人親眼見過。事實上，只存在愛的行為（act of loving）。愛是一種生產性活動（productive activity）。愛是關心、懂得、回應、確信和享受，不論愛的是一個人、一棵樹、一幅畫，還是一個想法，皆是如此。它意謂著賦予生命，增加被愛的對象的活力。它是一個自我更新、自我加強的過程。

重擁有樣態下的愛意謂著約束、囚禁、控制被「愛」的對象。它讓人窒息、死氣沉沉、喘不過氣，是奪人性命而非給予生命。人們所謂的「愛」大多是對這個字詞的誤用，以掩蓋人沒有愛的事實。到底有多少父母真正愛孩子，仍是一個值得探討的問題。德莫斯（Lloyd de Mause）指出，兩千多年的西方歷史充斥著父母虐待孩子的記載，從身體虐待、心理虐待到疏於照料不等。有些父母有支配欲，有的父母是施虐狂。情況如此觸目驚心，讓人不得不認為慈愛的父母都是特例而非常態。

婚姻也是一樣。不論是建立在愛情基礎上的婚姻，還是舊時建立在社會習俗上的傳統婚姻，真正互愛的夫妻似乎都是特例。社會習俗、雙方的經濟利益、對子女的共同關愛、互相依賴，以及彼此憎恨和彼此恐懼，都被人當成「愛」來體驗，直到有一天夫妻中的一方或雙方意識到他們並不愛對方，甚至從來沒有愛過。今天，我們在這方面可以觀察到一些進步：人變得更加實事求是和清醒，很多人不再認為相互間的性吸引是愛，或把友好而疏遠的團隊合作關係當作愛的表現。這種新觀念使人更坦誠，也更加頻繁地更換伴侶。但這並不一定會增加愛情發生的頻率，而新伴侶也可能跟舊伴侶一樣，不怎麼愛另一半。

從「墜入情網」演變為自認為「擁有愛情」的錯覺，這個轉變的過程，常常可以在曾經「墜入情網」的情侶的愛情發展歷程中，透過具體細節清楚地觀察到。（我在《愛的藝術》中指出，「墜入情網」的「墜入」一詞自相矛盾。因為愛是一種創造性活動，人只能「站在」或「行走」在愛情裡。人不能「墜入」愛情裡，因為墜入是被動性質。）

在求愛過程中，雙方都對彼此沒有十足把握，但都在設法吸引對方。雙方都有活力、有吸引力、有趣，甚至漂亮（因為有活力會讓一張臉變得漂亮）。他們都還沒有擁有對方，因此雙方的精力都集中於存在，即向對方付出並激勵對方。婚姻往往完全改變上述這種情形。婚姻契約具有排他性，使得夫妻雙方獨占對方的身體、情感和關懷。他們不再需要討對方歡心，愛情變成他們擁有的財產。雙方都不再努力變得可愛，不再激發彼此的愛，因此開始變得無趣，也漸漸失去漂亮的容顏。他們感到失望和困惑。他們難道不再是之前的那兩個人了嗎？難道他們從一開始就錯了嗎？他們總是在對方身上尋找變化的原因，並感到被欺騙。他們都不明白他們已不是當初互相愛著的那兩個人了，因為人可以擁有愛情這種錯誤的觀念使他們停止了愛。現在，他們不再愛對方，只是安於共同擁有他們所共有的，包括金錢、社會地位、房子和子女。因此，在一些個案裡，婚姻始於愛情，然後轉化為友好的共同擁有關係，把兩人份的自我中心匯合為一：我們稱之為「家庭」。

如果一對伴侶無法克服重燃愛火的渴望，其中一方就有可能誤以為找到一個（或幾個）新的伴侶就可以滿足這種渴望。他們以為自己只是想要「擁有」愛，但對他們來說，愛並不是「存在」的自然表達，而是他們想要臣服的女神。他們的愛情註定會失敗，因為就像一首法語老歌所唱的：「愛是自由之子。」而崇拜愛的女神的人最終會因為被動而變得乏味，失去自身尚餘的吸引力。

這樣的描寫並非暗示婚姻不是兩個相愛的人的最佳歸宿。問題不在於婚姻本身，而在於夫妻雙方那種重擁有的生命樣態。當然，說到底，這種重擁有的生命樣態又是他們的社會塑造出來的。當下社會裡有些人提倡群婚、交換伴侶、群體性交等同居生活方式，在我看來不過是以尋求新刺激的方式來抵抗枯燥。這些人想要擁有更多「愛人」，卻無法好好去愛，哪怕對象只有一個人。這些行為都是在逃避愛情關係裡的難題。（參閱拙著《人類破壞性的剖析》，第十章〈對「活化」刺激和「反射性」刺激的區分〉。）

第三章

《聖經》與愛克哈特著作中關於「擁有」與「存在」的論述

《舊約》聖經

《舊約》的重要呼籲之一，就是放棄你所擁有的，將自己從一切桎梏中解放出來，去自由地存在！

希伯來諸部落的歷史始於上帝給第一位希伯來英雄亞伯拉罕的命令。上帝要他放棄自己的土地和氏族：「你要離開本地、本族、父家，往我所要指示你的地去。」（《創世記》12：1）也就是說，亞伯拉罕必須放棄他所擁有的一切，包括土地和家族，遷徙到未知之地去。但他的後裔在嶄新的土地上扎根，並發展出新的族群意識。這個過程為他們帶來了更強烈的桎梏。正由於他們在埃及變得富有和強大，而陷入了受奴役的境地。他們不再信奉他們遊牧祖先所信仰的獨一上帝，轉而崇拜起偶像來，任這些富人所信奉的神成為他們的主宰。

第二位英雄是摩西。他奉上帝之命去解放他的人民，帶領他們離開那片已經成為家園的土地（儘管終歸是奴隸的家園），到沙漠裡去「敬拜（上帝）」。懷著不安和疑慮，希伯來人跟隨摩西到了沙漠裡。

沙漠是解放的重要象徵。沙漠不是家，沒有城市，也沒有財富，它是遊牧民族生活的地方，這裡的人只擁有自己需要的物事，即生活必需品，而非財產。從歷史角度看，《出埃及記》中的記載和遊牧傳統交織在一起。這些傳統很可能決定了反對非功能性財產[1]的傾向和選擇在沙漠裡生活，要以此為自由的生活做準備。然而這些歷史因素很可能強化了沙漠作為無財產負擔的自由生活之象徵。猶太人節日中，一些主要象徵的起源與沙漠有關。「無酵餅」是供那些要匆匆離去的人食用的，是居無定所的人的食物。「會幕」是流浪者的家，它類似帳篷，很容易搭建和拆卸；猶太法典《塔木德》把它定義為「臨時住所」，是用來暫住的，不是人們擁有的「固定住所」。

希伯來人渴望埃及的肉鍋；還有固定的居所，貧乏但固定供應的食物，以及看得見的偶像[2]。他們害怕無財產的沙漠生活的不確定性。他們說：「巴不得我們

1 譯註：非功能性財產指所需和所用以外的財物。

早死在埃及地、耶和華的手下！那時我們坐在肉鍋旁邊，吃得飽足。你們將我們領出來，到這曠野，是要叫這全會眾都餓死啊！」（《出埃及記》16：3）在這整個關於解放的故事中，上帝總是對人的道德弱點做出回應。他答應為這些人提供食物：早晨給他們「麵包」，晚上給他們鵪鶉。但上帝補充了兩條重要命令：每個人應該按需取食。「以色列人就這樣行；有多收的，有少收的。及至用俄梅珥[3]量一量，多收的也沒有餘，少收的也沒有缺，各人按著自己的飯量收取。」（《出埃及記》16：17–18）

在這裡，「各取所需」在史上第一次作為原則被提出（後來隨著馬克思的鼓吹而廣為人知）。人人都有吃飯的權利，這一點不容妥協。上帝像母親一樣餵養孩子，孩子用不著做任何特別的事來獲得吃飯的權利。上帝的第二條命令是不許囤積、貪婪和攫取財物。以色列人受命不得儲存任何東西到第二天早晨。「然而他們不聽摩西的話，內中有留到早晨的，就生蟲變臭了。摩西便向他們發怒。他們每日早晨，按著各人的飯量收取，日頭一發熱，就消化了。」（《出埃及記》16：20–21）

與採集食物連結在一起的是「安息日」的概念。摩西要求希伯來人在星期五那天採集平時雙倍的食物，「六天可以採集，第七天乃是安息日，那一天必沒有可採集的。」（《出埃及記》16：26）

「安息日」是《聖經》和後來猶太文化中最重要的概念。它是「摩西十誡」中唯一一條人們嚴格遵守的戒律，哪怕是反對宗教儀式的先知也堅持嚴格遵守它。兩千多年來，猶太人流離失所，但在困難重重中仍然嚴守「安息日」。毫無疑問，「安息日」是猶太人的生命之源：他們散居各地，無權無勢，備受蔑視和迫害，但靠著舉行安息日儀式來重拾驕傲和尊嚴。難道安息日不就是普通意義上的休息日，是人可以從工作負擔中解脫出來的一天嗎？我們當然可以這樣理解，而且這項作用讓它成為人類演化史上的偉大創新之一。但是，如果這就是「安息日」的全部意義，那它在歷史上就不會發揮我所說的那種核心作用。

2 譯註：這是相對於無形無狀的耶和華而言。

3 譯註：俄梅珥（omer），古時以色列用來測量穀物的容量單位。

要了解這項作用，我們必須深入探究「安息日」制度的核心。它的關鍵不在於休息本身，不在於避免任何體力或腦力勞動。所謂的安息，是指重建人與人之間，人與自然之間的圓滿、和諧關係。這一天人什麼也不能建造，什麼也不能摧毀，它是人與這個世界的休戰日。這一天也不許發生社會變化。甚至拔一根草、劃一根火柴都被視為破壞和諧。正是基於這個理由，在大街上搬東西是不允許的（哪怕這東西輕如手帕），但在自家花園搬重物沒有問題。這說明禁止的不是搬東西這個行為，而是將東西從一塊私有土地轉移到另一塊私有土地，因為這樣的轉移本質上是財產的轉移。在安息日，人們好像一無所有地那樣生活，除了存在別無他求。只求展現人的本質力量：祈禱、學習、吃飯、喝水、唱歌和做愛。

安息日是歡樂的日子，因為在這一天，一個人完全做自己。這就是為什麼《塔木德》稱安息日為彌賽亞時代（Messianic Time）的企盼，稱彌賽亞時代為永不終結的安息日。在這一天，財產和金錢，還有哀悼和悲傷，都是禁忌。時間被打敗，只留下純粹的存在。安息日的前身是巴比倫王國時代的沙巴圖日（Shapatu），那是悲傷和恐懼的一天。現代的星期日是娛樂日、消費日，是逃離自己的一天。我們或許該問問，也許是時候把安息日重新確立為全世界的和平日與和諧日，以此企盼人類的未來。

猶太人對世界文化的另一個特別貢獻，是他們的彌賽亞時代願景，其本質與安息日相同。就像安息日一樣，這項願景帶給猶太人活下去的希望。從二世紀的巴柯巴[4]到現代，猶太人雖然對一系列假救世主失望至極，卻始終沒有放棄這個願景。就像安息日一樣，它是對未來時代的憧憬：在那個時代，財產將變得毫無意義，恐懼和戰爭將終結，生活的目標將會是展現我們的本質力量。[5]

出埃及的歷史走向了悲劇。希伯來人無法忍受生活中沒有擁有。雖然他們能忍受居無定所，只吃上帝送來的食物，但他們少不了一個看得見、摸得著的「領袖」。

4 譯註：巴柯巴（Bar Kochba），反抗羅馬統治的猶太政治人物。

5 我在《你們將會像神那樣》（*You Shall Be as Gods*, 1966）一書中分析過「彌賽亞時代」的概念。對安息日的討論也可以在該書和《被遺忘的語言》（*The Forgotten Language*, 1951）中談「安息日儀式」的一章中找到。

因此，當摩西在山中消失不見後，絕望的希伯來人要求亞倫為他們打造一尊偶像，以便有一個可膜拜的對象。因此，一頭金牛犢應運而生，可以說，這是他們為上帝允許他們把金銀財寶帶出埃及的錯誤而付出的代價。與金子被一起帶出來的還有他們對財富的渴望。當他們陷於絕望，他們的重擁有生命樣態就重新冒出來。亞倫用他們的金子做了一頭金牛犢，人們看見，就說：「以色列啊，這是領你出埃及地的神。」（《出埃及記》32：4）

就這樣，整整一代人在流浪的過程中死去，甚至連摩西也不被允許踏入新的土地（迦南地）。但新一代人如同他們的父輩，既無法真正擺脫束縛，也無法在土地上自由地生活而不受其限制。他們征服新的土地，剷除敵人，定居下來，並膜拜敵人的偶像。他們把民主的部落生活變成東方式的專制獨裁，儘管規模小，但模仿起當時最強大的強國來卻絲毫不甘落後。革命失敗了，唯一的成就是（如果有的話），希伯來人現在成了主人而不再是奴隸。若不是革命性思想家和先知將這一新訊息傳布下來，這些希伯來人如今可能只出現在西亞歷史的學術註釋裡，除此之外無人記得。與摩西不同，這些思想家未被領導者的角色腐蝕，特別是不需要採用獨裁的統治方法（例如全殲可拉〔Korach〕領導下的造反分子）。

這些革命性思想家和希伯來眾先知，重新提出人類自由的願景，鼓吹不受物質束縛的存在，反對人膜拜自己雙手所造的偶像。他們毫不妥協地預言，如果國人將土地視為母親並亂倫地固著於（incestuously fixated）土地，不能像自由人那樣生活在其中，也就是如果人們不能在熱愛這片土地的同時又不迷失在其中，那麼他們將再次遭到驅逐。在眾先知看來，被驅逐出國土是一場悲劇，但也是獲得最終解放的唯一方式：新的沙漠[6]將不只持續一代人，而是持續許多世代。眾先知在預言新沙漠的同時，也傳承了猶太人——最終也是全人類——的信仰：在不必驅逐或消滅土地原住民的情況下，獲得和平與豐裕的彌賽亞願景。

希伯來眾先知的真正繼承者是那些偉大的猶太學者，那些拉比，其中最重要的一位就是猶太離散生活的建立者約哈南·本·扎凱（Jochanan ben Sakai）。在西元七〇年反抗羅馬人的戰爭中，領導者決定，與其戰敗失去國土，不如大家都戰

6 譯註：這是把猶太人亡國後的散居地比作以色列人出埃及後曾流浪的沙漠。

死。但扎凱卻「叛國」了，他偷偷離開耶路撒冷，向羅馬將軍投降，並請求允許他建立一所猶太大學。這就是豐富猶太傳統的開端，同時猶太人開始失去他們曾經擁有的一切：國家、聖殿、神職體系、軍職體系、祭祀用的牲口和宗教儀式。他們喪失了一切，作為一個群體只剩下存在的理想（ideal of being）：求知、學習、思考和盼望彌賽亞。

《新約》聖經

《新約》繼承《舊約》的傳統，反對重擁有的生命樣態，而且反對得比《舊約》還要激烈。《舊約》並不是窮人和受壓迫階層的產物，而是源自擁有羊群的牧人和獨立的農民。一千年之後，博學的法利賽人（Pharisees）創作了猶太法典《塔木德》，他們代表著社會的中間階層，既有非常窮苦的成員，也有非常富裕的成員。這兩群人都充滿社會正義感，主張保護窮人和幫助弱勢群體，如寡婦和非猶太血統的外邦人。但整體來說，他們並沒有把財富視為邪惡或是與「存在」的原則不相容（參見芬克爾斯坦〔Louis Finkelstein〕的《法利賽人》〔*The Pharisees*〕一書）。

與此相反，早期的基督徒大都是窮苦和飽受社會歧視的人，是受壓迫和被排斥的族群。這些人就像《舊約》中的一些先知，毫不留情地譴責財富，痛斥有權有勢的人，稱他們為不折不扣的魔鬼（參見拙著《基督的教義》〔*The Dogma of Christ*〕）。正如韋伯（Max Weber）所說的，《馬太福音》中的〈登山寶訓〉實際上是一篇奴隸起義的偉大宣言。早期的基督徒充滿團結精神，有時會自願共有與分享所有物資。（烏茲博士〔A. F. Utz〕討論過早期基督徒的共產制度和更早期古希臘的例子——《路加福音》的作者路加〔Luke〕可能知道這些例子。）

早期基督教的革命精神在福音書最古老的部分尤為突出，這些福音書是基督教社群在尚未脫離猶太教時所熟悉的。（這些最古老的部分可以根據《馬太福音》和《路加福音》的共同原始材料重構，被研究《新約》歷史的專家稱為「Q來源」〔Q來自德語Quelle，意指「來源」〕。這方面的基礎研究可參閱舒爾茲〔Siegfried Schulz〕的著作，他將Q文獻區分為較早期和較晚期兩種。）[7]

Q來源有一項中心前提：人必須拋棄一切貪婪和擁有欲，必須從重擁有的生命樣態中解脫，相反的，一切正面的倫理規範都是根植於存在、分享和團結的倫理體系。無論在對人還是對物的關係中，這都是基本的倫理立場。徹底放棄一己權利的要求（見《馬太福音》5：39－42；《路加福音》6：29 f.），還有必須去愛敵人的要求（見《馬太福音》5：44－48；《路加福音》6：27 f.，32－36），都比《舊約》中提出的「愛人如己」更加基進，更強調要完全破除私心和全心全意關心他人。不可論斷他人的守則（見《馬太福音》7：1－5；《路加福音》6：37－38，41－42），實際上是進一步要求忘記自我，盡全力去理解他人、為他人造福。

就對物的關係而言，Q來源要求完全放棄重擁有的生命樣態。最古老的基督教社群堅持主張人應當徹底放棄財產，反對累積財富。「不要為自己積攢財寶在地上，地上有蟲子咬，能鏽壞，也有賊挖窟窿來偷；只要攢財寶在天上，天上沒有蟲子咬，不能鏽壞，也沒有賊挖窟窿來偷。因為你的財寶在哪裡，你的心也在那裡。」（《馬太福音》6：19－21；《路加福音》12：33－34）本著同樣的精神，耶穌說：「貧窮的人有福了，因為神的國是你們的！」（《路加福音》6：20；《馬太福音》5：3）早期基督教確實是窮苦受難的人組成的社群，滿心相信末世論，認定根據上帝的救贖大計，既有的社會秩序即將永遠消失。

「最後審判」這個末世論概念，是彌賽亞觀念的一種版本，盛行於當時的猶太人之中。根據這個概念，在最終的救贖和審判之前，會有一段時期的混亂和毀滅。這段時期相當可怕，以致精通《塔木德》的拉比求上帝饒過他們，不要讓他們生活在前彌賽亞時代。基督教的嶄新之處在於，耶穌及其追隨者相信，彌賽亞時代已經到來（或者近在咫尺），而耶穌出現就是時代開始的象徵。

實際上，我們會忍不住把早期基督徒的處境和今日世界發生的事相提並論。現在有不少人相信（除了「耶和華見證人」是教徒之外，大部分是科學家），我們可能正走向一場最終的世界性巨災。這種預見是理性的，在科學上站得住腳。但早期基督徒的處境與今天截然不同。他們生活在全盛時期羅馬帝國的一小塊區域。那

7 我受惠於芬克（Rainer Funk）對這一領域的詳盡知識和有用建議。

時並沒有什麼大災難的兆頭。但這一小群貧苦的巴勒斯坦猶太人仍然堅信，強盛的世界即將崩塌。當然，他們實際上是錯的。因為耶穌沒能再次出現，因此福音書把耶穌的死亡和復活解釋為新時代的開端。在西元四世紀君士坦丁大帝之後，人們試圖把耶穌承接新舊時代的角色轉給羅馬天主教會。最終，天主教會在實質上（但不是在理論上），成為新時代的替代品。

我們必須以一種比大多數人嚴肅的態度對待早期基督教，才能理解這一小群人幾乎令人難以置信的基進主義。他們僅憑自己的道德信念就對既有世界做出判決。另一方面，大多數猶太人因為不屬於社會最貧困和最受壓迫的成員，他們選擇了另一條道路。他們拒絕相信一個新時代已經開始，因而繼續等待彌賽亞，認為只有當人類（不只是猶太人）建立起一個歷史意義上（而不是末世論意義上）充滿著愛、和平和正義的世界，彌賽亞才會到來。

較晚期的Q來源形成於早期基督教進一步的發展階段，我們可以在其中找到同樣的原則。耶穌受到撒旦試探的故事以簡明方式表達了這項原則。故事譴責擁有欲、權力欲和擁有型生命樣態的其他表現形式。撒旦建議耶穌把石頭變成食物是他對耶穌的第一次試探，因為這可以讓耶穌象徵性地表達出對物質的渴望。對此，耶穌的回答是：「人活著，不是單靠食物，乃是靠神口裡所出的一切話。」（《馬太福音》4：4；《路加福音》4：4）撒旦接下來繼續試探耶穌，先是允諾給予耶穌戰勝自然的強大力量（改變重力法則[8]），後又答應讓耶穌統治世上所有的王國，但都被耶穌拒絕了。（《馬太福音》4：5－10；《路加福音》4：5－12）（芬克讓我注意到這試探發生在沙漠裡，所以是再次拾起《出埃及記》的論題。）

耶穌和撒旦在這裡代表著兩種截然不同的原則。撒旦代表物質消費，代表對自然界和對人的統治。耶穌代表存在，代表「不擁有是存在的前提」的觀念。自福音書問世以來，世界對撒旦的原則亦步亦趨。但即使這些原則大獲全勝，也無法磨滅人對於實現完滿存在的嚮往。耶穌以及在他之前和之後的許多偉大哲人都表達出

8 譯註：「你如果是神的兒子，就跳下去吧！因為經上記著：『他會為你吩咐他的天使；他們會用手托住你，免得你的腳撞在石頭上。』」（《馬太福音》4：4－7）

這樣的嚮往。

堅持重存在生命樣態、反對重擁有生命樣態的道德嚴格主義也見於一些猶太人宗教團體中，例如艾賽尼派（Essenes）和抄寫《死海古卷》（*Dead Sea scrolls*）的宗派。這項傳統貫穿整個基督教的歷史，由那些恪守清貧和無財產誓言的宗派傳承下來。

早期基督教的基進概念亦不同程度見於教會父老[9]的著作中——在這方面，他們也受到希臘哲學對私有財產和公有財產的思考的影響。限於篇幅，我不會詳細介紹他們的教導，更不會詳談相關的神學和社會學文獻。[10]雖然不同教會父老的觀點基進程度有所不同，且隨著教會體制變得強大而出現基進性減弱的趨勢，但不可否認的是，他們都曾嚴厲譴責奢侈和貪婪，並且蔑視財富。

教會父老游斯丁（Justin Martyr）在西元二世紀中期寫道：「我們當中那些曾經喜愛錢財（可動產）和產業（土地）勝過一切的人，現在把自己所擁有的一切變成公共財產，與需要的人分享。」同樣是寫於二世紀的基督教文獻〈致丟格那妥書〉（Letter of Diognetus）中有一段有趣的話，會讓人想起《舊約》對無家可歸的看法：「任何異鄉都是他們（基督徒）的故國，每個人的故國對他們來說都是異鄉。」三世紀的德爾圖良（Quintus S.F. Tertullian）認為，所有的貿易都源於貪婪，因此沒有貪念的人沒有必要進行貿易。他斷言商業貿易總伴隨著偶像崇拜的危險，並把貪婪稱做萬惡之源。[11]

和其他教會父老一樣，大巴西流（Basilius Magnus）也認為所有的物品都是為人服務的。他提出一個問題正可反映出他典型的觀點：「誰拿了別人一件衣服就會被稱做賊，但如果一個人有能力為窮人提供衣物蔽體卻不這麼做，他除了堪稱為賊之外還堪稱什麼別的呢？」（轉引自烏茲博士）大巴西流強調物品原本的共有性，因而有些人認為他代表共產主義傾向。我要引用四世紀克里索斯托穆斯

9 譯註：church fathers，基督教會早期把基督教信條神學化和理論化的著作家，涵蓋時期為二世紀至六世紀。

10 可參閱烏茲、席林（O. Schilling）和舒馬赫等人的著作。

11 以上引用內容均來自席林的著作。也可參閱他對範尼（K. Farner）和薩默拉德（T. Sommerlad）的引用。

（Chrysostomus）的告誡作為結論：不要生產和消費多餘的物品。他說：「請不要說我在使用我自己的東西：你使用的是非你之物（what is alien to you）。放縱和自私地使用讓你的物品異化。我之所以說它是非你之物，是因為你無情地使用它和聲稱你僅靠你的物品生活是對的。」

我還可以花更多篇幅引用教會父老的觀點，來表明他們都認為私有財產和自私地消費任何財物都是不道德的。但是，哪怕前文為數不多的引證也足以顯示，從《舊約》時代到早期的基督教再到接下來的幾世紀，這種反對重擁有取向的立場一直綿延不斷。甚至連阿奎那在反對公然主張共產主義的宗派時，也認為財產私有制只有在能夠最妥善地為所有人謀福利時才合理。

與《舊約》和《新約》相比，古典佛教更強調全面放棄占有欲的絕對重要性，包括放棄自我、放棄物質永恆存在的觀念，甚至放棄追求完美。[12]

愛克哈特（1260~1327）

愛克哈特描述並分析了重擁有和重存在這兩種生命樣態的區別，其論述的透徹清晰非其他先哲所能及。作為德意志多明我會（Dominican Order）的重要人物，愛克哈特是知識淵博的神學家，也是德意志神祕主義最深刻和最基進的思想家。他的德語講道影響深遠，不僅感化了他的同時代人和門徒，還影響後來的德意志神祕主義者。時至今日，那些追尋一種非有神論、理性但又宗教性的人生哲學的人，仍然向他尋求指引。

本章節所引用的愛克哈特言論均來自昆特（Joseph L. Quint）整理編選的《愛克哈特德文著作集》（*Meister Eckhart, Die Deutschen Werke*，簡稱 *Quint D. W.*）和《愛克哈特德語布道講稿和文冊》（*Meister Eckhart, Deutsche Predigten and Traktate*，簡稱 Quint D. P. T.），以及布萊克尼（Raymond B. Blakney）翻譯的英文版《愛克哈特》（*Meister Eckhart*，簡稱 *Blakney*）。值得注意的是，昆特的版本僅包含他認為

---

12 想要較透徹地理解佛教，請參閱向智大長老（*Nyanaponika Mahatera*）的著作，特別是《佛教禪修心要》（*The Heart of Buddhist Meditation*）和《通向佛教思想》（*Buddhist Thought: Essays from the Wheel*）。

確定出自愛克哈特手筆的著作，而布萊克尼譯本（基於費佛〔Franz Pfeiffer〕編纂的德語版本）其中一些篇章的真實性未受到昆特認可。但昆特也承認，他認定的真實性是暫定性的，很多大家「認為是」愛克哈特的作品日後很可能將證實為真。而「出處註釋」裡的數字是愛克哈特一篇講道在上述三書中的編號。

愛克哈特的「擁有」概念

要了解愛克哈特對重擁有生命樣態的觀點，經典的資料來源是他關於貧窮的講道，這篇講道依據的是《馬太福音》五章十三節：「精神上貧窮的人有福了，因為天國是他們的。」在這篇講道中，愛克哈特討論了「什麼是精神上貧窮」的問題。他一開始便聲明，他所說的不是外在的、物質上的貧窮，儘管這種貧窮也是好的，值得稱道。他想談的是內在的貧窮，也就是福音書中所指的那種貧窮。他的定義是：「一個一無所求、一無所知和一無所有的人是窮人。」（*Blakney, 28*；*Quint D. W.,52*；*Quint D. P. T.,32*）

那麼誰是一無所求的人呢？我們通常認為是一個選擇禁欲生活的男人或女人。

然而，愛克哈特的看法並非如此。他指責那些把一無所求理解為懺悔和宗教修行的人。他認為，這樣想的人是執著於自私的自我。「這些人徒有聖潔之名，從外表上看是神聖的，但內心裡他們都是笨蛋，因為他們沒有領會神聖真理的真意。」（我譯自Quint的編選本。）

這是因為，愛克哈特關心的「求」（wanting）也是佛教思想的基本範疇：「貪」，即貪求物質和一己的自我。佛陀認為這種「求」是人生的痛苦，而非享樂的緣由。當愛克哈特進而說人應該要沒有意志（having no will）時，他的意思並不是說人應當意志薄弱。他所說的意志相當於貪念，是一種受驅策的意志——所以嚴格來說剛好不是意志。愛克哈特甚至要求人不應想要遵循上帝的旨意，因為這也是一種欲求。一無所求的人就是對一切皆無貪欲的人，這就是愛克哈特所說的「無執」（nonattachment）的精粹。

那麼誰又是一無所知的人呢？難道愛克哈特是要把愚昧無知、沒文化、沒教養的傢伙奉為理想人物嗎？但這怎麼可能呢？他不是致力於教化那些未開化的人，並且從不隱瞞和貶低自己的淵博學識嗎？

愛克哈特的一無所知概念暗含著擁有知識（having knowledge）與去認識（act of knowing）的區分。「去認識」意指刨根問柢，繼而追本溯源。愛克哈特對特定思維內容和思考過程做出明確區分。他強調與其愛上帝不如去認識上帝。他寫道：「愛與欲望和目的有關，但知識不是特定的思維，而是剝去一切偽裝，不偏不倚，赤裸裸地奔向上帝，直到碰觸祂並緊握住祂。」（*Blakney*, Fragment 27；昆特認為是偽作。）

但在另一個層次上（愛克哈特總是在很多不同的層次上發言），他想得更遠。他寫道：

> 再者，窮人也是一無所知的人。我們有時說，人應當活得好像他既不為自己而活，也不為真理或上帝而活。現在，我們換一種說法並進一步說：要達到這種貧窮，人必須活得好像他甚至不知道他既不為自己而活，也不為真理或上帝而活。此外，他必須清空所有知識，讓自己沒有有關上帝的知識，因為當一個人的存在外在於上帝時，在他心中活著的就是他自己而不是別的。因此我們

說，人應當清空自己的知識，就彷彿他不存在的時候一樣，讓上帝自行其道，使人類得到解放。（*Blakney*, 28；*Quint D. W.*,52；*Quint D. P. T.*,32；此處一小部分譯文是我對昆特的德語文本的英譯。）[13]

要了解愛克哈特的立場，有必要弄清楚這些話的真意。當他說「人應當清空自己的知識」，他不是說人應該忘記他所知道的，而是說人應該忘記他是「知道」的這項事實。也就是說，我們不應把知識當作財產，由此得到安全感和某種身分感；我們不應讓知識來「填充」自己，而去固守知識或渴求知識。知識不應帶有教條的性質，否則將使我們成為奴隸。總之，他所反對的這一切都是重擁有生命樣態所固有的。在重存在樣態中，知識就是深入探索的思考活動本身，這種思考不會因為眷戀確定性而停步不前。愛克哈特繼續說道：

13 布萊克尼的英譯本用首字母大寫的God表示愛克哈特所說的「神原」（Godhead），而用小寫的god表示創造世界的上帝。

何謂人應當一無所有？

請特別注意這一點：我曾多次說過，權威也認同，人應該擺脫一切自己的物品和行為的束縛——內在的也好，外在的也罷——使自己能夠成為上帝的居所，適合上帝在其中採取行動。現在我們有進一步的說法。如果一個人清空了物品、受造物、自我和造物主，但上帝在他裡面還能找到一個活動的場所，那麼我們說：只要那個場所存在，這個人就還沒達到極端的貧窮。因為上帝並沒要求人在內心為上帝預留場所，真正精神上的貧窮要求人清空上帝及其行動的影響，這樣如果上帝要在一個人的靈魂中採取行動，上帝自身必須成為自己的活動場所，只要上帝願意這麼做……所以我們說，人必須要貧窮到既沒有、也不是上帝的活動場所。只要人在心中還預留一個場所，那他就仍然保留著差別心。因此我請求上帝（God）幫我擺脫上帝（god）。（*Blakney*, pp. 230-231）

愛克哈特無法再把他的「不擁有」（not having）概念表達得更加基進。首先，我們應該擺脫自己的物品和行為。這並不是說我們應該什麼都不擁有、什麼都不去做，而是說我們不應該被我們擁有的物品——甚至是上帝——捆綁和束縛住。

當愛克哈特談論「擁有」與「自由」的關係時，他從另一個層次來探討「擁有」。人的自由取決於他在多大程度上受到財產、工作和自我的束縛。如果我們囿於自我之中（昆特將中部德語原文的Eigenschaft一詞譯為Ich-bindung〔自囿〕或Ichsucht〔自大〕），我們就阻礙了自身的實現與完滿。我完全同意米特（D. Mieth）的觀點，他認為作為真正創造性的條件，自由就是放棄自我，一如聖保羅意義下的愛就是擺脫所有的自囿。自由——即擺脫了對物的欲求和對自我的執著——是愛和創造性生命的條件。按照愛克哈特的觀點，人類的目標就是要擺脫自囿和自我中心，即擺脫重擁有的生命樣態，以達到生命的圓滿。關於愛克哈特是如何理解重擁有生命樣態，米特的想法與我最為接近：他的「人的財產結構」（Besitzstruktur des Menschen）概念在我看來跟我所說的「重擁有生命樣態」是一樣的意思。談到打破這種內在財產結構時，他引用了馬克思的「沒收」（expropriation）概念，並指出這是最徹底的沒收形式。

在重擁有生命樣態中，礙事的不是所擁有的各種物品，而是一個人的整體心態。任何事物都能成為欲求的對象，例如日常用品、財產、儀式、善行、知識和思想。這些事物本身並不壞，但如果我們執著於這些事物，使之成為限制我們自由的枷鎖，阻礙我們的自我實現，那麼這些事物就變成壞的了。

愛克哈特的「存在」概念

愛克哈特是在兩種不同但又相關的意義下使用「存在」這個概念。一種是狹義的、心理學意義上的「存在」，指的是那些真正驅動人的、且往往是無意識的動機。這些動機與行為和意見不同，是獨立於行動的、思考的人之上。昆特稱愛克哈特為「無與倫比的靈魂分析師」，指出「愛克哈特不厭其煩地揭示人類行為最隱祕的連結，最深藏不露的自私、意圖和意見的擾動，並不厭其煩地譴責熱切期待別人感激和回報的心理」。（*Quint D. P. T.*, Introduction, p. 29）愛克哈特洞察人類的隱祕動機，引起後佛洛伊德時代讀者的極大興趣，他們認知到那些產生於前佛洛伊德時代而盛行至今的行為主義觀點過於天真，因為這種觀點宣稱行為和意見是最終資料，無法再細分，就像二十世紀初人們說原子不可分解為更小單位一樣。愛克哈特說過很多類似以下的話：「人應多想他們的存在，少想他們要去做些什麼……把關注的重點放在做一個善良的人（being good）而不是做許多善事。應該強調的是我們所作所為的基礎。」我們的存在是真實的，是驅動我們的精神與行為的內在本質。相反的，與我們的動力核心相分離的行為和意見，不具有真實性。

「存在」的第二個涵義較廣義，也較為根本：存在是生命、活動、生育、更新、噴湧、流出和生產。在這種意義上，存在是擁有的對立面，是自囿與自我中心的對立面。在愛克哈特看來，存在是古典意義下的活躍（active），即對人自身力量富創造性的表達，不是現代意義指稱的忙碌。對他來說，活動（activity）意謂著「走出自我」。（*Quint D. P. T.*,6）對此，他有許多具體的描繪：他把存在說成一個「沸騰」的過程，一個「生育」的過程，某種「在自身之中流淌又流出自身之外」的事物。（E. Benz et al.，轉引自*Quint D. P. T.*, p. 35）有時，他用「奔跑」的意象來比喻「存在」的活躍。他說：「跑向安寧吧！那個跑著的人，那個永不停歇地跑向安寧的人是神聖的。他持續地奔跑，持續地移動，在奔跑中尋求安寧。」（*Quint*

D. P. T., 8）愛克哈特對活動的另一個定義是：一個活躍的、有生氣的人好比「一個不斷變大的容器，水不斷注入，但永遠無法充滿」。（*Blakney*, p. 233；昆特認為是偽作。）

與重擁有生命樣態決裂，是所有真正意義上的「活動」的前提。在愛克哈特的倫理體系中，創造性內在活動的狀態是最高的美德，而要達到這種狀態，前提是克服任何形式的自囿和欲求。

第二部
分析兩種生命樣態的基本差異

第四章

何謂重擁有生命樣態？

重擁有生命樣態的基礎：貪得無厭的社會

由於我們生活在一個以私有財產、利潤和權力為支柱的社會之中，我們的判斷不免帶有極大偏見。攫取、擁有和牟利成了工業社會中每個人神聖和不可剝奪的權利。[1] 財產的來源無關緊要，擁有財產也不會為財富所有者增加任何義務。整體原則是：「我以什麼方法、從哪裡獲得，和如何處置我的財產，是我個人的事，與他人無關。只要我不違反法律，我的權利就是不受限制且絕對的。」

這種財產可以稱為私有財產（「私有」在拉丁文中為*privare*，即「剝奪」），因為財產擁有者是財產唯一的主人，他們有權力剝奪別人對這份財產的使用或享受。雖然私人所有制現在被認為是自然且普遍的範疇，但如果我們考慮到整個人類歷史（包括史前時期），特別是歐洲以外不以經濟為重要生活內容的各種文化，我們就會看到私人所有制實際上只是特例而非常規。除了私有財產外，還有其他種類的財產存在，包括：自己創造的財產，完全是個人的勞動成果；限制性財產，即財產受到限制，所有者有義務用它來幫助他人；功能性或個人性財產，包括勞動工具或享用的物品；共同財產，一個以共同理念、共享精神凝聚起來的群體所共用的財產，例如以色列的集體農莊。

社會賴以運轉的各種規範也塑造了社會成員的性格（社會性格）。在工業社會中，這些性格包括希望取得、保有和增加財產，擁有財產的人會被看作上等人，受到崇拜和嫉妒。然而，絕大多數人並不擁有真正意義上的財產，即資本和資本財。這就出現了一個令人困惑的問題：這些人對謀求並保有財產懷有極大的熱情，那他們該如何滿足或者處理這種熱情呢？換言之，他們既然毫無財產可言，那麼他們如何能夠感到自己是財產所有者呢？

當然，顯而易見的答案便是，即使貧窮的人也擁有一些東西，而他們也會像

---

1 陶尼（R. H. Tawney）一九二〇年的作品《貪得無厭的社會》（*The Acquisitive Society*）在對現代資本主義以及對社會改變和人類改變的可能性的了解上，仍然無可匹敵。韋伯、布倫塔諾（Brentano）、夏皮羅（Schapiro）、帕斯卡（Pascal）、桑巴特（Sombart）和克勞斯（Kraus）的研究都對工業社會如何影響人類有重要見地。

資本家珍愛財富那樣愛護自己僅有的一點物品。他們也會像大財主一樣，成天盤算著如何保住自己已有的一切，並使之不斷增加，哪怕只是無限小地增加（例如這裡省一分錢，那裡省兩毛錢）。

不過，他們最大的樂趣大概不在擁有物品，而在擁有有血有肉的人。在父權制社會，即使最貧窮階層中最潦倒的男人也能成為財產所有者：在與他的妻子、孩子、牲畜的關係中，他感到自己是至高無上的主人。至少對父權制社會中的男人來說，擁有許多孩子是擁有他人的唯一途徑，並且無須透過勞動和投資就能獲得所有權。考慮到生孩子的重擔完全由婦女承擔，在父權制社會中，生兒育女無可否認是對婦女赤裸裸的剝削。然而，母親也有她們自己的所有權，那就是擁有年幼的孩子。這種惡性循環永無止境：丈夫剝削妻子，妻子剝削幼兒，不久後年輕男子就加入成年男子的行列來剝削婦女，如此循環不斷。

在父權秩序中，男性霸權已經維持了大約六、七千年，如今依然普遍存在於最貧窮的國家，或社會最貧窮的階層當中。然而，這種霸權在較為富裕的國家或社會裡正慢慢消失。看來，當社會的生活水準提高到一定程度，婦女、兒童和少年就會得到解放。隨著舊式父權制中，「對人的擁有」[2]逐漸瓦解，已開發工業社會中，較窮的人口又要憑藉什麼來滿足自己獲得、保有和增加財產的渴望呢？答案就在於擴大擁有的領域，把朋友、情人、健康、旅遊、藝術品、上帝，和一己的自我包含在其中。施蒂納（Max Stirner）描繪了一幅中產階級財迷心竅的絕妙圖景：人變成「物」，人與人之間的關係帶著所有權（ownership）。「個人主義」就其正面的意義而言，指人擺脫了社會的枷鎖；就其負面的意義而言，則指「自我所有權」（self-ownership），也就是一個人有為自己的成功投注精力的權利（和責任）。

「自我」是我們的財產意識（property feeling）當中最重要的事物，因為它包括許多內容：我們的身體、名譽、社會地位、我們的所有物（包括我們的知識）、我們在自己心目中的形象，以及我們希望在別人心目中建立的形象。「自我」成為我們各種真實特質和虛假特質的混合物，前者包括知識和技能，後者則是我們圍繞現實的核心捏造出來的。但問題的關鍵不在「自我」的內容是什麼，而在「自我」

2 譯註：丈夫對妻子的擁有等。

被感覺是我們每個人所擁有的物品，而這項「物品」是我們身分意識的基礎。

在討論財產時，我們必須考慮一種依戀財產的重要形式。這種形式盛行於十九世紀，在第一次世界大戰以後的幾十年間逐漸式微，如今已很少見。過去，每個人都十分珍惜和愛護自己所擁有的每一樣物品，用到不能再用為止。購買物品是「保有式」購買[3]，而十九世紀的座右銘之一可說是：「舊就是美！」反觀今日，人們強調的是消費而非保有，購買物品變成了「拋棄式」購買。無論人們買的是一輛汽車、一件裙子，還是一些小玩意，使用一段時間後就會厭倦它，迫切希望扔掉「舊」的，去購買最新款式。購買→短暫的擁有和使用→扔掉（如果財力允許和價格划算的話，就換成更新的款式）→重新購買，構成了消費型購買的惡性循環，所以今日的座右銘可說是：「新就是美！」

時至今日，消費型購買現象中最突出的例子大概是私人汽車。我們的時代是名副其實的「汽車時代」，因為我們的整個經濟都以汽車製造為中心，我們的全部生活也大部分取決於汽車消費市場的興衰。

對擁有汽車的人來說，汽車似乎是不可或缺的必需品，而對還未擁有汽車的人來說，特別是對所謂的社會主義國家的人民來說，汽車成了幸福的象徵。但是，人們對自己汽車的喜愛顯然並不深厚和持久，不過是一時喜歡，因為車主經常換車。在開了兩年、甚至只開了一年後，車主便厭倦了那輛「舊車」，開始四處物色新車，想做成一筆「好交易」。從物色到購買，整個過程就像一場競賽，有時欺騙甚至成為競賽中一個主要因素；而這筆「好交易」本身就像這場競賽的最後獎品（停在車道上那輛新款汽車）一樣讓人愉快，甚至更勝一籌。

車主與自己汽車的財產關係，跟他對汽車的短暫興趣之間似乎存在矛盾。為理解這個令人費解的現象，我們必須考慮到幾個因素。第一，在車主與汽車的關係中存在「去人化」（depersonalization）的成分：汽車不再是車主所喜歡的一件具體物件，而是表示社會地位的象徵符號，是權力的延伸，是自我的建構者（ego builder）。透過買一輛汽車，車主實際上獲得了一小部分新的自我。第二，每兩年而非更久（例如六年）就買一輛新車，增加了購買者獲得新東西的快感。擁有一輛新汽

---

3 譯註：指購買物品是為了保有物品。

車類似奪取一個女人的貞操，提升了人的控制感，並且發生得越頻繁，快感越強烈。第三，頻繁地購買汽車意謂著做成更多「好交易」，獲得更多透過交換牟利的機會，因而今天的男女普遍樂此不疲。第四個重要因素是，人需要體驗新的刺激，因為經過一段短暫的時間，舊的刺激就顯得平淡無味了。在《人類破壞性的剖析》一書中討論刺激時，我區分了「活化」和「反射性」刺激，並指出：「越是『反射性』的刺激，越需要在強度和／或種類上常常變換；越是『活化』的刺激，刺激性維持得越長久，在強度和內容上越不需要變換。」第五個也是最重要的一個因素是，社會性格在過去一百五十年間發生了變化，即從「囤積型」（hoarding）轉變為「行銷型」（marketing）。這種變化並沒有摒棄重擁有取向，但大幅度地改變了它（關於行銷型性格的發展見本書第七章）。

所有權意識也在人際關係中顯現出來，例如自己與醫生、牙醫、律師、老闆和工人的關係，表現在以下的說法中：「我的醫生」、「我的牙醫」、「我的工人」等等。但除了對他人採取這種所有權態度外，人們把無數的物體，甚至各種感情也當成所有物對待。以健康和疾病為例，人們在談論自己的健康狀況時也懷有這樣的所有權意識，指出這是他們的疾病、他們的手術、他們的治療、他們的飲食規定和他們的藥物等等。他們很顯然把健康和疾病視為財產，他們與自己的不良健康狀態之間的財產關係，類似一個手中股票大跌的持股人。

觀念和信仰都可以成為所有物，甚至習慣也是如此。例如，一個每天早晨在同一時間吃同樣早餐的人，會因為這項習慣中的些許變動而感到不適，因為他的習慣變成了某種財產，失去它便意謂著自己的安全感遭遇威脅。

我把重擁有生命樣態描述得如此普遍，也許會讓很多讀者覺得我太消極和片面。確實如此。我首先描述這種社會裡盛行的態度，是為了給讀者一幅盡可能清楚明晰的畫面。但有另一個元素可以讓這幅畫面趨於平衡，那就是在年輕一代中成長起來的，一種與大多數人非常不同的態度。我們在這些年輕人中找到一些消費模式，這些模式不是隱藏著貪得無厭心態的產物，而是樂於做自己喜歡做的事的表現，而且不期待得到任何「持久的」事物作為回報。這些年輕人長途跋涉，經常遇到艱難險阻，為的是聽自己喜歡聽的音樂、看自己想看的景物、拜會自己想見的人。至於他們的目的是否如他們自己所認為的那樣有價值，這無關緊要。儘管他們不夠嚴肅、準備不足，或者不那麼專心致志，但這些年輕人敢於「做自己」（to be），不期望得到什麼回報。他們雖然往往在哲學和政治上顯得天真幼稚，卻比年長的一代真誠得多。他們不會為了成為市場上令人滿意的「商品」而整天修飾自我，不會有意或無意地透過不斷撒謊來維護自己的形象，也不會像大多數人那樣把精力耗費在壓抑真相上。他們經常以誠實讓長輩留下深刻的印象——因為這些長輩也暗自欽佩能夠看出或說出真相的人。這些年輕人分屬許多不同政治和宗教傾向的群體，但也有許多人還沒有任何意識形態或信條，表示自己還在「尋找」。雖然他們可能還未找到自己，或者還沒有一個指導他們生活的目標，但他們在尋求成為自己，而不是擁有和消費。

然而，畫面中這種正面因素並非全無隱憂。在上述的同一批年輕人當中（他們的人數自六〇年代後期以來大幅下降），很多人並沒有從消極的自由前進到積極的自由，除了反抗束縛和依賴之外，他們並沒有試圖尋找值得邁向的目標。就像他們的中產階級父母一樣，他們的座右銘是「新就是美！」，對一切傳統（包括最偉大人類心靈創造的各種思想）形成一種近乎恐懼的冷漠態度。本著一種天真的自戀態度，他們相信單憑自己就能發現值得發現的一切。從根本上說，他們的理想是重新變回孩童——唯其如此，像馬庫色（Herbert Marcuse）之類的作家才會提出一種方便的意識形態，主張社會主義和革命的最終目標是返回孩提時代，而不是向成人階段發展。只要他們還年輕，他們的幸福感就能夠維持。然而，他們之中的許多人已不再年輕，只落得深深的失望：他們沒有獲得堅實的信念，沒能在自身樹立一個中心。到頭來，他們往往成為失望、冷漠的人，或是不快樂的破壞狂。

當然，並非所有滿懷希望的人都以失望告終，可惜我們無從知曉他們的數量。就我所知，目前沒有有效的統計資料或可靠的估計，即使有，我們也幾乎無法肯定如何界定這些人。今日，在歐美，千百萬人設法與傳統，和那些能為他們指明道路的老師建立連結。但大部分學說與老師，或是帶有欺騙性，或是被天花亂墜的宣傳誇大，又或是關係到那些德高望重的上師的經濟利益或名譽地位。有些人或許能從這些欺騙性方法中獲得切實的益處，而另一些人雖然運用這些方法，但並不真正打算做出內在的改變。不過，我們只有對新的信仰者進行詳細的定量與定性分析，才能知道每一類人究竟有多少。

我個人的估計是，真正想從重擁有樣態轉向重存在樣態的年輕人（也包括一些較年長的人），不只零零星星的幾個人。我相信大量群體和個人正在向存在的方向發展，他們代表一股新的潮流，超越了大多數人的重擁有取向，因而具有劃時代的重要性。由少數人來指出歷史發展的方向，在歷史上並不是第一次。這些少數人的存在，為從重擁有到重存在態度的整體轉變帶來了希望。讓這種希望更加切實的，是促使這些新態度出現的一些因素，幾乎是不可逆的歷史變化：男性對支配女性的崩潰，父母對支配子女的崩潰。二十世紀的政治革命雖然失敗了（指俄國革命，至於要判斷中國革命的最後結果則為時尚早），但婦女、兒童與性革命卻取得了成功，即使它們還處在初步階段。這些革命的原則已為極多的人所接受，舊的意識形態每過一天便更加荒謬可笑一些。

「擁有」的本質

重擁有生命樣態在本質上根源於私有財產。在這種生命樣態中，至關重要的是，我獲得財產和獲得維護財產的無限權利。重擁有樣態具有排他性，它不要求我做任何進一步的努力，以保有我的財產或富創造力地使用它。佛陀把這種行為模式稱為「貪」（craving），猶太教和基督教稱之為「貪婪」（coveting），它把每個人和每件東西都變得死氣沉沉且受制於他人。

「我擁有某物」這一句話表達了主體我（或他、我們、你們、他們）與客體之間的關係。它意謂著主體是永久的，客體也是永久的。但主體或客體真有這種永久性嗎？我終會死去，我也有可能失去保證我擁有某物的社會地位。客體同樣也不是永久的，它可能被摧毀、遺失或失去價值。說我們能永久擁有某物，乃是基於對物質永恆不滅的幻想。從表面上看我似乎擁有一切，但實際上我一無所有，因為我對客體的擁有、占據和支配不過是生活過程中的短暫瞬間。

說到底，「我（主體）擁有某物（客體）」這項陳述，是透過我對客體的擁有來定義我這個主體。主體並不是「我自身」，而是「我是我擁有之物」。我的財產構成我和我的身分。「我是我」這項陳述的言下之意是「我是我是因為我擁有X」——X等於所有我透過權力來控制並永久擁有的人事物。

在重擁有樣態中，我與我擁有之物的關係是缺乏生氣的。它和我都成了物，而我擁有它是因為我具備擁有它的力量。但這種關係也可以倒過來講：它擁有我。因為我的身分感——即我神智健全的感受——是建立在我擁有它（和數量盡可能多的物品）的基礎之上。重擁有生命樣態並不是透過主體與客體之間一種有生氣、創造性的過程而建立起來：它讓客體和主體兩者都成為物。兩者之間的關係死氣沉沉，而非生意盎然。

擁有—力量—反抗

按照本性成長，是所有生物的共同傾向。因此，人會反抗阻礙我們依自己內在結構成長的任何企圖。要突破這種反抗（不管是有意識的，還是無意識的反抗），就必須動用身體力量和心理力量。

無生命體透過運用其原子或分子結構固有的能量，不同程度地抵抗試圖控制其物理組成的外力。但是被人使用時它們不會反抗。對生命體施加外力（即迫使我們朝與我們的內在結構相悖、以及對我們的成長有害的方向發展），卻會激起反抗。這種反抗的方式不一而足，有公開的、有效的、直接的，和積極的反抗；也有間接的、無效的，和往往是無意識的反抗。

受到限制的是自由，是嬰兒、兒童、少年，乃至成年人之意志自由和自發表達，是他們對知識和真理的渴求，是他們對感情的希冀。正在成長的人被迫放棄絕大部分自主、真實的欲望和興趣，轉而接受非自主、由社會思想感情模式強加給他的意志、欲望和情感。社會，以及作為其心理社會媒介的家庭，都必須解決一個難題：要怎樣摧毀一個人的意志而又不使他察覺？透過灌輸意識形態和施以獎懲的複雜過程，這項工作大體上圓滿完成，以致大多數人都以為他們是按照自己的意志行事，沒有意識到他們的意志是被制約和被擺布的。

要壓抑人的意志，最困難的是壓抑性欲，因為性欲是強烈的本能傾向，不像其他欲望那樣易於操縱。因此，相較於其他人類欲望，人們花更大力氣壓制自己的性欲。性行為受到的汙名化形形色色，從道德上的指責（性是邪惡的）到健康上的指責（手淫有害健康）不一而足，這裡無須贅言。教會過去禁止節育和婚外性行為，甚至至今仍然堅持這些原則，哪怕我們在審慎評估後會認為應採取較寬容的態度。

如果只是為了壓制性欲本身而壓制性欲，這一切努力會讓人費解。將性汙名化的根本目的在於摧毀人的意志而不是人的性欲。許多所謂的原始社會是沒有性禁忌的，因為那裡既無剝削也無壓迫，所以無須摧毀個人意志。他們不必汙蔑性欲，可以毫無罪惡感地享受性關係。尤其值得注意的是，在這些社會中，性自由並沒有導致對性愛的貪婪：經過一連串相對短暫的性關係後，如果男女雙方中意彼此，就會結成一對，這時他們不會有交換伴侶的欲望，但當愛情消失，他們可以自由地分手。在這些不以私有財產為導向的群體裡，享受性生活是存在的表現，而不是性擁有的結果。我說這些，不是暗示我們應該回歸原始社會的生活方式。即使我們想回去也回不了，而原因很簡單：文明帶來的個性化和人的分化，讓個人的愛產生與原始社會不同的特質。我們無法倒退，只能前進。重要的是，不帶擁有色彩的新型生存方式會消滅對性的貪欲，而這種貪欲是一切擁有型社會的特點。

性欲是獨立的一種表現，在人生的很早期就有所表達（以自慰的方式表達）。對它進行譴責可以擊垮孩子的意志，讓他有罪惡感，從而更加順從。打破性禁忌是一種很大的反叛，本質上是為了重獲自由。但這樣打破性禁忌並不會帶來更大的自由，反叛似乎會淹沒在性滿足及隨之而來的罪惡感之中。只有達到內心的獨立才有助於得到自由，才能停止徒勞的反叛。這一點同樣適用於其他試圖以打破禁忌來重獲自由的行為。**實際上，禁忌會引起性癡迷和性變態，但性癡迷和性變態不會帶來自由。**

孩子的反抗方式種類繁多，有無視保持乾淨的訓誡的，有不吃東西或暴飲暴食的，有表現攻擊性和施虐行為的，還有各種自毀行為的。反抗通常表現為一種整體上的「怠工式罷工」：對外界不感興趣、懶散、被動，和種種最病態的慢性自毀。關於父母與孩子權力鬥爭所帶來的後果，可參閱謝克特（David E. Schecter）談關於「嬰幼兒發展」（Infant Development）的論文。所有數據都表明，對孩子和他後來成長過程的外力干預，是造成精神異常（特別是破壞行為）最根本的原因。

不過，要徹底理解的是，自由不是放任自流和為所欲為。與其他物種一樣，人也有特殊的內在結構，只有按照這項結構的要求才能成長茁壯。自由不是意謂擺脫一切指導原則，而是意謂按照人的生命結構的法則去成長（自主約束）。它意謂服從那些能把人導向最優發展的法則。凡是能幫助人去達成這項目標的權威都是「理性權威」，方法包括促進孩子的積極性、批判思維能力和對生命的信念。如果是為了維護權威的利益而不是為了孩子的健康發展，將他律的規範強加給孩子，這種權威就是「非理性權威」。重擁有生命樣態（即以財產和利潤為中心的態度），必然會產生對權力的渴望（事實上是對權力的需要）。要控制他人，就必須用權力來粉碎他們的反抗。要維持對私有財產的控制，就必須用權力來保護它免遭與我們同樣貪婪之人的搶奪。擁有私人財產的欲望會喚起人使用暴力、公開或祕密掠奪他人的欲望。在重擁有的生命樣態中，人的幸福繫於高人一等，繫於擁有權力，歸根結柢繫於征服、掠奪和殺戮的能力。在重存在生命樣態中，幸福繫於愛、分享和給予。

支撐重擁有生命樣態的其他因素

語言是強化重擁有取向的重要因素。人的名字創造出一種人是永生不死的錯覺。（我們都有名字，如果當前「去人化」的潮流繼續下去，我們可能都會有編號。）名字成了人的等價物，表明人是永存不滅的實體，而非一種過程。普通名詞也有同樣的功能，比如愛情、驕傲、仇恨、快樂這些名詞，給人的印象是它們是固定的實體。但這些名詞背後並沒有實質存在的東西，它們只能遮蔽我們的雙眼，使我們看不到這些都是人生所經歷的過程。即使是那些用來具體指稱物體的名詞，例如「桌子」或「燈」，也會產生誤導，讓人以為它們是固定不變的實體。然而，這些所謂的「物體」其實只是能量運作的過程（光、熱等物理現象），透過與我們的感官系統作用，生成特定的感知經驗。但這些感官反應並不是對桌子和燈之類具體實物的知覺：這些知覺是文化學習過程的結果，這種學習過程使某些感覺獲得一定的知覺形式。我們天真地相信桌子和燈本身是存在著的，不明白是社會教會我們把身體上的感覺轉變為知覺，從而使我們能夠掌控周圍的世界，以便在特定的文化中生存。一旦我們為這些知覺命名，名字似乎就保證知覺之「最終的」和「不變的」實在性。

與生俱來的求生欲是重擁有取向的另一個基礎。無論我們是否樂意，我們的身體驅使我們努力追求不死。儘管經驗告訴我們人終有一死，但我們仍努力尋找解決方案，使我們無視經驗證據，相信我們可以永生。這項意願有多種表現形式：古埃及的法老相信他們埋葬在金字塔裡的身體是不朽的；一些早期狩獵社會關於死後生活的宗教幻想（例如幸福地生活在美好的狩獵場上）；基督教和伊斯蘭教的天堂。在從十八世紀開始的當代社會裡，「歷史」和「未來」成為基督教天堂的替代品：名譽、聲望和哪怕是惡名，都能構成一點點永生，一個人只要能確保自己出現在歷史書的註腳裡就能夠獲得一點點不朽。對名望的渴求不僅是世俗虛榮心作祟，對於那些不再相信傳統來世觀念的人來說，這種渴求擁有宗教信仰的特質（這現象在政治領袖當中尤為明顯）。媒體宣傳為不朽鋪平了道路，公關業者成為新的牧師。

但擁有財產大概比其他任何事情都更能滿足人對永生的渴望，這也是為什麼重擁有取向會如此強大有力。假如我的自我是由我擁有之物構成，那麼只要我擁有之物不毀壞，我就是不死的。從古埃及到今天，從將屍體製成木乃伊從而獲得肉體上的永存，到透過遺囑得到心理上的永存，人超越了肉體和心靈的時限繼續活著。

憑藉遺囑的法定權利，人為下幾代人規定好了如何處置自己的財產：只要我是資本所有者，我就能透過繼承法而永生。

重擁有樣態與肛門性格

我們可以藉助佛洛伊德的一項偉大發現，更進一步理解重擁有生命樣態。根據他的研究，所有的孩子在經歷過一段純粹的消極接受期之後，會經歷一個攻擊性、剝削性的接受期，然後，在他們達到成熟期之前，必先經歷一個佛洛伊德稱為「肛欲期」的時期。佛洛伊德發現，「肛欲期」常常在人的整個人格發展過程中維持主導地位，這種情況一旦發生，就會導致「肛門性格」的形成。其特徵是人將主要精力用於擁有、節省和囤積金錢、物品乃至情感、姿勢、言語和精力。這種性格可以在吝嗇鬼身上看到，通常與過度的整潔、準時和頑固連結在一起。佛洛伊德思想有一個概念很重要，就是金錢與排泄物的象徵性關聯，就此他舉了許多例子。肛門性格是不成熟的性格，佛洛伊德這項觀點實際上是對十九世紀資產階級社會的尖銳批判。在這個社會當中，肛門性格的主要特徵成為道德行為的規範，並被看作「人性」的表達。佛洛伊德的「金錢＝排泄物」等式隱含著（儘管是無意的）對資產階級社會運轉方式及其擁有欲的批判，可與馬克思在《一八四四年經濟學哲學手稿》（*Economic and Philosophical Manuscripts*）中對金錢的討論相對照。

在我們目前的脈絡，佛洛伊德認為力比多（libido）發展的特殊階段是主要的，而性格形成是次要的，這一點其實無關緊要。（在我看來，性格的形成取決於人生初期的人際關係網路，特別是對性格形成有影響的社會條件。）重要的是，佛洛伊德認為擁有取向在人完全成熟的前一階段占主導地位，如果這個階段一直持續下去就是病態的。換言之，在他看來，如果人只關注擁有和財富，就是心理有病的表現。由此可以推論，如果一個社會的大部分成員都屬肛門性格，這個社會就是病態的。

禁欲與平等

大部分道德討論和政治討論的核心問題是：擁有還是不擁有？在道德和宗教層面上，這意謂著選擇禁欲的生活方式，還是非禁欲的生活方式；後者既包括創造性的欣悅，也包括無限的快樂。如果我們不把著眼點放在某項行為上，而是放在作為某項行為基礎的態度上，則前述的選擇也就失去了大部分的意義。禁欲行為執著於戒絕享樂，也許只是否認對擁有和消費的強烈欲望。禁欲者雖然能壓制欲望，但在壓制擁有和消費欲望的過程中，這些欲望反而揮之不去。精神分析資料表明，這種透過過度補償來否認的現象非常常見，比如想抑制破壞性衝動的人會成為狂熱的素食主義者，想抑制自己的謀殺衝動的人會成為狂熱的反墮胎人士，想抑制「犯罪」衝動的人會成為狂熱擁護「美德」的人。對他們而言，重要的不是信念本身，而是支撐這種信念的狂熱。我們不禁懷疑，狂熱於禁欲是否就像所有狂熱一樣，是在掩蓋與它對立的衝動。

在經濟和政治領域裡，那種認為我們只能在收入是「無限制的不平等」和「絕對的平等」之間取捨的主張，同樣是錯誤的。如果每個人的所有物都是功能性和個人性的[4]，那麼一個人比另一個人多擁有一些東西並不會構成社會問題，因為既然擁有不是本質性的，也就不會引起嫉妒。另一方面，那些主張絕對平分一切物品就是公平的人，正暴露出他們強烈的重擁有取向，只是透過一味地要求完全平等而掩蓋這一點。藏在這項要求背後的真正動機是妒忌。一個人如果要求任何人都不能比他擁有的多，那他不過是透過這種方式來保護自己免受嫉妒之苦，因為任何人只要比他多得分毫，他就會產生嫉妒。關鍵在於：根除奢侈和貧困。平等的意思不是在數量上均分每一小塊物品，而是收入差距不會大到使不同社會群體產生不同的生活經驗。在《一八四四年經濟學哲學手稿》中，馬克思曾透過「粗糙的共產主義」這一概念指出，這種共產主義「在各個方面否定了人的個性」，並認為它「只是基於預設的最低標準，將嫉妒和平均化推向極端的結果」。

生命性擁有

為了更清楚理解本章所說的重擁有生命樣態，我們有必要進一步細分，認識「生命性擁有」（existential having）的作用。為了能夠生存下去，我們必須擁有、保存、維護和使用某些物品。這包括我們的身體、食物、住所、衣服，和生產所需的必要工具。這種擁有形式可以稱為「生命性擁有」，因為它根植於人類生命。這是一種以努力存活為目的的衝動，由理性加以引導。它與我們前面討論過的「性格性擁有」（characterological having）截然不同。「性格性擁有」是非天生的強烈占有欲，是社會條件作用於人的結果，看起來彷彿是生理本能，其實不然。

「生命性擁有」與存在沒有衝突，而「性格性擁有」必定與存在有衝突。哪怕是聖人，只要他們是人，就必然想要在「生命性擁有」的意義下擁有物品。而一般

4 譯註：指供個人自己使用的。

人則同時想要在「生命性擁有」和「性格性擁有」的意義下擁有物品。（我在《自我的追尋》一書中也討論過「生命性擁有」和「性格性擁有」的分別。）

第五章

何謂重存在生命樣態？

我們大多數人對重擁有樣態的所知多於對重存在樣態，因為前者是在我們的文明中較常體驗的樣態。然而，一個更重要的因素使得定義重存在樣態，要比定義重擁有樣態困難得多，那就是兩種生命樣態在本質上的差別。

「擁有」涉及的是物體，而物體是固定的和可描述的。「存在」涉及的是經驗，而人的經驗從原則上而言是不可描述的。能加以詳盡描述的是我們的「表面形象」（persona），即我們戴的面具、我們呈現出來的自我，因為它本身是一種「物」。與此相反，一個活生生的人不是一個僵死的形象，不可能像物品那樣被描述。事實上，活生生的人是完全不可描述的。當然，有關「我」，有關我的性格和我的整個人生取向，有很多是可談論的。這種洞察性知識能相當程度地理解和描述我自己或他人的心理結構。不過，我的整個人、我的全部個性、我如指紋般獨一無二的自性，永遠不可能被徹底理解，哪怕是透過同理心也無法做到，因為沒有兩個人是完全相同的。[1]只有在充滿活力的相互關聯過程中，他人和我才能克服這種分隔造成的障礙，共同跳起生命之舞。但我們永遠無法達到完全理解或認同彼此。

我們甚至無法充分描述一個簡單的行為。蒙娜麗莎的微笑可以讓人花上數頁篇幅描繪，但畫中的這抹微笑卻仍然無法用言語捕捉。這並非因為蒙娜麗莎的微笑太「神祕」了。每個人的微笑都是神祕的（除非是市場上那種訓練有素的假笑）。無論是他人眼中流露出的興趣、熱情、親近、仇恨或自戀，還是人群中的各種面部表情、步態、姿勢或語調，沒有人能將它們充分描述出來。

活躍

重存在生命樣態的先決條件是獨立、自由和具有理性批判能力。其基本特徵是活躍，但不是指外在的活躍（即忙碌），而是指內在的活躍，也就是創造性地使用人的各種能力。活躍意謂著發揮人的官能、才幹和生來擁有的不同程度的天賦。活躍也意謂著自我更新、成長、流露情感、去愛、超越自我封閉的囚籠、對一切興

1　這是即使最出色的心理學也會遇到的侷限性，關於這一點，我在〈心理學的侷限性和危險性〉（On the Limitations and Dangers of Psychology, 1959）一文中比較「否定心理學」和「否定神學」時有詳細討論。

致盎然、傾聽他人，並且不吝給予。然而，這一切經驗並非語言所能充分表達。語言像容器，裝載著豐富的經驗，但經驗往往會超出容器的容量。語言雖能指向某種經驗，卻不是經驗本身。一旦我完全以思想和詞語來表達我的經驗，這經驗就消失了——它會枯萎、死亡，只剩下乾癟的思想。因此，存在非筆墨所能形容，只有那些與我有同樣經驗的人才能理解它。在重擁有樣態中，當家作主的是僵死的語言，而在重存在樣態中，當家作主的是生意盎然和不可言傳的經驗。（當然，在重存在樣態中也有生意盎然和創造性的思維。）

最能恰如其分地描述重存在樣態的，大概是亨齊克所描述（Max Hunziger）的一個意象：當光線穿過一個只藍色玻璃杯時，杯子會呈現為藍色，是因為它吸收了所有其他顏色的光，不讓它們通過。也就是說，我們之所以稱這只玻璃杯為「藍色」的，正是因為它並不保留藍色的光波。它之所以擁有這個名稱，不是因為它所擁有的東西，而是因為它所給出的東西。

只有當我們減輕重擁有生命樣態，也就是當我們不再執著於我們的自我和擁有物，以尋求安全感和身分認同的時候，重存在生命樣態才會浮現。「存在」要求人放棄自我中心，拋棄自私心理；以神祕主義者的話來說，就是讓自己達到「空」和「窮」的境界。

然而，大多數人發現放棄重擁有取向太過困難，任何這樣的嘗試都會使他們極度焦慮，感到自己似乎失去一切安全的保障，就像不會游泳的人被拋進無邊際的大海。他們不知道在拋棄了財產這副枴杖後，就能開始以自身的力量獨立行走了。他們誤以為自己不可能獨立行走，誤以為如果沒有靠著他們所擁有的財產支撐的話，就會重重摔倒。他們就像小孩子，在摔倒一次後擔心自己永遠不會走路。但是大自然的力量和他人的幫助可以防止人變成瘸子。那些認為不使用「擁有」這副枴杖就會摔倒的人，也需要別人的一些幫助。

主動與被動

我們一直所說的「存在」是一種積極主動的能力，與消極被動不相容。然而，我們相當嚴重地誤解了「主動的」（active）和「被動的」（passive）這兩個詞的意義，因為這兩個詞在今天的涵義，與在古代、中世紀至文藝復興初始時期的涵義完全不同。為了理解存在概念的意義，我們必須先把「主動」（activity）和「被動」（passivity）兩個概念弄清楚。

在現代用法中，主動一詞通常是指運用精力去取得效果明顯的行為。因此，耕地的農夫被稱為「主動」的，而工廠組裝線上的工人、遊說顧客買東西的銷售員、替自己或他人投資的人、治病的醫生、賣郵票的郵局職員，和處理文件的辦公室職員都是如此。雖然這些活動中有些行為需要更多的興趣和專注，但不影響它們被稱為「主動」。總而言之，主動指的是獲得社會認可的有目的行為，會產生有利於社會的變化。

現代意義上的「主動」僅涉及行為，而不涉及行為背後的人。它不理會一個人是像奴隸那樣受到外力的逼迫而行動，還是受到內在衝動（例如焦慮）的驅策而行動，一律稱之為「主動」。它也不理會工作的人是對工作有興趣（例如木匠、作家、科學家或園丁），還是對工作沒有認同感也不會從中獲得滿足感（例如組裝線上的工人和郵局職員）。

現代意義上的主動並未區分「主動」與「忙碌」（busyness）。但這兩者有著根本的區別，它們分別對應於「異化」和「非異化」。在異化的活動中，我沒有體認到自己是行動的主體，我體認到的是活動的結果，我自外於此結果，它分離於我、凌駕於我之上且對立於我。在異化的活動中，我沒有真正行動，而是由內在或外在力量作用於我。我與我活動的結果相分離。在精神病學的領域，最好觀察的異化活動就是強迫症患者的行為。他們受到內在衝動的逼迫去做違反自己意志的事情（例如數臺階、重複一些語句，或按照某種個人儀式行事），為達目的會表現得極端主動。但大量精神分析調查顯示，他們是受到他們察覺不到的內在力量所驅使。異化活動另一個同樣明顯的例子是被催眠後的行為。處於催眠狀態時，人接受暗示醒來後做某件事。醒來後，他便去執行指令，完全沒有意識到他們不是在做自己想做的事情，而是遵從催眠師先前發出的命令。

在非異化活動中，我體認到自己是我的活動的主體。非異化活動是一個創造、生產的過程，會與我產生的成果保持關聯。也就是說，我的活動是我的力量和能力的表現，我、我的活動跟我活動的成果渾然一體。我把這種非異化活動稱為創造性活動（productive activity）。[2]

「創造性」在這裡不是指創造某種新的、獨創的東西，它與藝術家和科學家的原創性不是同一件事。它也不是指我的活動的產物，而是我的活動的性質。一幅畫作或一篇學術論文可能相當缺乏創造性，亦即貧瘠乏味。另一方面，如果一個人能深刻認識自己，或是能真正「看見」一棵樹而不僅僅是看著它，或是能夠體會一首詩所表達的情感，那麼發生在他身上的這個過程就是創造性的，儘管他什麼都沒有「創造」出來。創造性活動指的是內在的主動狀態，它並不一定要創造出藝術作品、科學作品，或某種「有用」的東西。創造性是一種所有情感健康的人能企及的性格取向。有創造性的人可以讓他所接觸到的任何事物充滿活力。他開發自己的才能，也把生命力帶給別的人和物。

「主動」和「被動」都各有兩個完全不同的涵義。異化的主動只是一種忙碌，實際上就是「被動」，因為它絲毫不具創造性。反之，非忙碌意義上的被動也可以是一種非異化的主動。今天讓人理解這一點特別困難，因為大多數情況下的主動都是異化的被動，而創造性的被動則很少能被體會到。

哲人談主動與被動

在前工業社會的哲學傳統中，「主動」與「被動」這兩種概念的涵義與今日不同。它們很難表現為現在的定義，因為當時的勞動還沒有異化到今天這種地步。因此，像亞里斯多德那樣的哲學家，就沒有清晰區分什麼是「主動」，而什麼只是「忙碌」。在雅典，異化的勞動都是由奴隸執行。體力勞動看來被排除在「實踐」（praxis）這項概念之外。「實踐」一詞涵蓋了自由人可能從事的所有活動，亞里斯多德正是用這個術語來概括人的自由活動（參閱洛布科維茲〔Nicholas Lobkowicz〕的《理論與實踐》〔*Theory and Practice*〕）。由於當時的社會背景，對於自由的雅典人來說，那種主觀上毫無意義、異化的、完全流程化的工作是不存在的。

---

2 我在《逃避自由》（*Escape from Freedom*, 1941）中稱之為「自發性活動」（spontaneous activity）。後來的著作都改稱為「創造性活動」。

他們的自由正意謂著因為他們不是奴隸，他們的活動是創造性的和有意義的。

如果我們考慮到對亞里斯多德而言，實踐的最高形式，也就是活動的最高形式，是專注於追求真理的沉思生活，甚至凌駕於政治活動之上，那麼亞里士多德對於「主動」和「被動」的觀念與現今的看法不同，這一點便顯而易見。把沉思視為非主動的形式在他看來是不可思議的。亞里斯多德認為沉思生活是我們內在最好的部分，即理性的活動。奴隸跟自由人一樣可以享受感官的快樂。但「幸福」不存在於快樂中，而存在於符合美德的活動中（《尼各馬科倫理學》〔*Nichomachean Ethics*〕1177a, 2 ff.）。

就像亞里斯多德一樣，阿奎那對主動概念的理解也與今天相反。阿奎那同樣認為，追求內心平靜和精神知識的「沉思生活」（vita contemplativa）是最高形式的人類活動。不過，他也退一步承認，「積極生活」（vita activa），即普通人的日常生活，一樣有價值和可以帶來幸福，只要（這項條件特別重要）一個人的所有活動都是為了追求幸福，而且他能夠控制自己的情感和身體（《神學大全》〔*Summa*〕，2-2: 182, 183; 1-2: 4, 6）。

但關於沉思生活與積極生活的爭論不盡於此。阿奎那持的是一種折衷的態度；《未知之雲》的作者卻是極力反對「積極生活」；愛克哈特自己則大力主張「積極生活」。但他們之間的矛盾並不像看上去那麼尖銳，因為這三位思想家一致認為，只有當「積極」根植於最高的倫理和精神要求，並且展現這些要求時，這種積極才是「健康的」。基於這個理由，這三位導師對忙碌（即與人的精神根基相脫離的活動）持否定態度。[3]

作為個人和思想家，史賓諾莎體現了早他四百年的愛克哈特時代的精神和價值觀，又同時敏銳地觀察到發生在社會和一般人的變化。史賓諾莎是現代「科學心理學」的奠基者，是無意識維度的發現者之一，並借助這種豐富的洞察力，對主動和被動的區別，做出了比任何前人都更為有系統和精確的分析。

史賓諾莎在《倫理學》（*Ethics*）中把主動和被動——行（act）和受（suf-

3 要想進一步了解「沉思生活」與「積極生活」的問題，可參閱W. Lange, N. Lobkowicz and D. Mieth（1971）。

fer）——視為人類心靈運作的兩個基本要素。「行」的第一個判準就是它要出自人的本性。他說：「如果在我們內部或外部發生了什麼事，而我們就是引起這件事的主要原因，我們就是在『行』；也就是說，如果在我們內部或外部發生的事出於我們的本性，並且僅透過本性就能清晰明瞭地被理解，那我們便是在『行』。反之，如果在我們內部發生了某件事，或者由於我的本性而導致了什麼後果，但我們只是引起這件事的部分原因，那麼我們便是在『受』。（即在史賓諾莎的定義上是被動的。）」

這些話令現代讀者費解，因為他們習慣於認為，「人的本性」這個概念與任何可證明的經驗資料無關。但如同亞里斯多德，史賓諾莎並不這麼看，而與他同時代的一些神經生理學家、生物學家和心理學家也不這麼看。史賓諾莎認為，人的本性之於人，就像馬的本性之於馬一樣。另外，一個人的善或惡、成功或失敗、幸福或痛苦、主動或被動，都取決於他能在何種程度上成功實現其本性的最大發展。盡可能實現其物種的本性（對人來說就是人性）是生命的目的。我們離人性的楷模越近，我們的幸福和自由就越大。

在史賓諾莎的人類模型中，「行」與「理性」這兩種屬性密不可分。只要我們的行動與我們的生命情境一致，並且認知到這些條件是現實和必然的，那我們也就知道了關於我們自己的真理。「我們的心靈有時在行，有時在受：只要它擁有充分且正確的想法時，它就必然是在行；只要它受到不充分或錯誤的觀念影響時，它就必然是在受。」

欲望被史賓諾莎分為主動和被動兩種：行動（actiones）與激情（passiones）。前者根植於我們的生命情境（自然和非病態扭曲的），後者則是由內在或外在的扭曲力量引起的。前者的存在取決於我們有多少程度的自由，而後者則源於內在或外在的作用力。所有「主動的情感」（active affects）[4]都必定是好的，而「激情」則有好有壞。按照史賓諾莎的說法，主動、理性、自由、幸福、喜樂和自我完善是密不可分的。同樣的，被動、非理性、桎梏、憂愁、軟弱，以及所有違背人性要求的欲望也都是密切相連的。

---

4 譯註：指主動的欲望。

想要充分理解史賓諾莎關於激情和被動的觀念，我們必須知道他的思想所邁出的最後一步（也是最現代的一步）：受非理性激情驅策的心靈是病態的。只要我們得到最佳的成長，則我們不只（相對地）自由、強壯、理性和喜樂，還是心理上健康的；只要我們做不到這一點，那我們就是不自由、軟弱、缺乏理性和憂鬱的。心理上的健康和病態分別是正確和錯誤生活方式的結果。就我所知，史賓諾莎是持這種假定的第一位現代思想家。

在史賓諾莎看來，心理健康歸根究柢是正確生活方式的展現。反之，心理疾病則顯示出一個人沒能按照人性的要求去生活。「但是，如果貪婪的人只想著他的錢和所有物，如果有野心的人只想著名聲，我們卻不認為他們精神失常，只覺得他們令人厭惡，一般會加以鄙視。但事實上，貪婪和野心等等是精神失常的表現，儘管通常並未將它們視為『疾病』。」在這段與我們這個時代思維方式格格不入的話語中，史賓諾莎認為那些違背人性需要的激情是病態的，甚至將它們視為精神失常的表現。

史賓諾莎的主動和被動概念是對工業社會最激進尖銳的批判。今日人們相信，主要受金錢、財物和名望驅策的人，是正常的和適應良好的，但史賓諾莎卻認為，他們是完全被動，基本上是病態的。史賓諾莎所說的那種主動的人（他本人就是這種類型的具體表現），在當今已經十分少見，而且往往被疑為「精神不正常」，因為他們極不適應所謂的正常活動。

馬克思在《一八四四年經濟學哲學手稿》中寫道：「自由、有意識的活動（即人類活動）是人類的物種特徵。」在他看來，勞動代表著人類活動，而人類活動就是生活。另一方面，資本是積累起來的東西，是過去的東西，說到底是死的東西。他認為勞方與資方之間的鬥爭就是生與死、現在與過去、人與物，以及存在與擁有之間的較量。只有認識到這一點，才能充分理解勞資鬥爭對馬可思所代表的意義。在馬克思看來，真正的問題在於：誰應該統治誰？是生應該統治死？還是死應該統治生？社會主義社會是一個生戰勝死的社會。

馬克思對資本主義的所有批判和對社會主義的憧憬都是基於這樣的觀念：在資本主義體系中，人的主動性癱瘓了，因而目標應當是在各個生活領域恢復人的主動性，從而重塑完全的人性。

儘管馬克思的某些理論受到古典經濟學的影響，但說馬克思是個決定論者，或說他把人看作是歷史發展的被動客體，從而剝奪了人的主動性，這些都是陳腔濫調，與他的思想恰好背道而馳。這一點是每個認真閱讀馬克思著作而不斷章取義的讀者都會同意的。對他的觀點最清晰的表達莫過於他自己的話：「歷史什麼也沒有做，它並不擁有無窮的豐富性，它『沒有在任何戰鬥中作戰』。是人──真實的、活生生的人──在行動、占有並鬥爭。歷史不可能把人當作工具來達到自己的目的，好像歷史有獨立的人格似的。與之相反，歷史不過是人為實現目標而進行的活動而已。」（馬克思、恩格斯《神聖家族》）在近當代的思想家中，對現代活動的被動性看得最清楚的，莫過於史懷哲。他在對文明的沒落與復興的研究中指出，現代人是不自由、不完整、不專注、病態地依賴，並且「絕對的被動」。

存在即「實在」

到目前為止，我都是透過與「擁有」的對比來闡明「存在」的涵義。但「存在」的第二個同樣重要的意義，可以透過與「裝樣子」（appearing）的對比顯示出來。如果我裝出一副和藹可親的樣子以掩蓋我對別人的剝削，如果我裝出勇敢的樣子但內心卻極度虛榮或可能有自殺傾向，如果我假裝愛自己的國家實際上卻在謀求私利，那麼，我的外表（即我的外在行為）就與真正驅策我的內在力量（實在）背道而馳。我的行為不同於我的性格。我的性格結構，即我的行為的真正動機，才構成我的真實存在。我的行為也許能部分反映我的存在，但它通常是我的面具，我為了達到目的而戴。行為主義研究這副面具，把它視為可靠的科學材料，但真正的洞察會著眼於內在的實在（inner reality），它通常既無法被意識到也無法被直接觀察。這種被愛克哈特稱為「去掉面具」（unmasking）的「存在」概念，乃是史賓諾莎和馬克思的思想核心，也是佛洛伊德的根本發現。

佛洛伊德的精神分析學的主要成就，是展示了行為與性格的落差，是展示面具與其掩蓋的「實在」的落差。他提出的方法包括自由聯想、解夢、移情和抗阻，目的在於挖掘人們童年時期被壓抑的本能欲望（本質上是性欲）。儘管後來的精神分析理論和治療進一步發展，改為強調早期人際關係中，而非本能生活中的創傷事件，兩者的原則仍然相同：被壓抑的是早年和（如我認為的）後來的受挫欲望與恐懼，而消除症狀和解除不適的途徑，在於揭露這些被壓抑的事物。換言之，被壓抑的乃是一些非理性、嬰幼兒時期的和個人的經驗成分。

另一方面，常識認為，一個正常、能適應社會的公民是理性的，無須接受深入的分析。但這完全不是事實。我們意識層面的動機、思想和信念，不過是虛假資訊、偏見、非理性激情、合理化托辭和成見的混合物，只有很少一部分真理摻雜其中，讓人誤以為整個混合物是真實可靠的。思維過程試圖按照邏輯法則和可信性，來組織這一整堆雜七雜八的錯覺。這個意識的層面被認為反映「實在」，而且它就是我們用以組織生活的藍圖。這張錯誤的藍圖沒有受到壓抑。被壓抑的乃是有關「實在」的知識，乃是有關真相的知識。然後假如我們問：什麼是無意識？答案必然是：除了非理性的激情，幾乎全部有關「實在」的知識都是無意識的。無意識基本上是由社會決定的，社會製造各種非理性激情，為成員提供各種不同的虛構假象，從而迫使真相成為所謂的理性的囚徒。

說真相受到壓抑當然是基於這個前提：我們知道真相，卻壓抑這種知識。換言之，「無意識知識」是存在的。依據我對自己和他人進行精神分析的經驗，這是事實。我們知覺到真相，並不由自主地知覺到它。正如當我們面對「實在」時，我們的感官會被組織起來去看、去聽、去嗅、去觸一樣，我們的理智也會被組織起來去把握事物的本來面目，去知覺真相。我當然不是指需要科學的工具或方法才能把握的那部分「實在」，而是指透過全神貫注地「觀看」可以識別的東西，尤其是我們自身和他人的「實在」。當我們遇見一個危險人物或一個可以完全信賴的人，我們自己會曉得；當我們被騙、被剝削或被愚弄，或者當我們自欺欺人，我們自己會曉得。我們幾乎了解對人的行為所必須了解的一切，正如我們的祖先對星星的運行瞭若指掌。但是，他們覺察到自己的知識並加以運用，我們卻馬上抑制我們的知識，因為這種知識一旦進入意識層面，就會讓生活變得異常艱難和異常「危險」（我們這樣相信）。

我們很容易找到上述論斷的證據，它存在於許多夢境中。在這些夢中，我們顯示出我們對他人和自身本質有深刻洞見，而這些洞察在我們醒著時完全付諸闕如（拙著《被遺忘的語言》〔*The Forgotten Lanuage*〕一書有一些「洞見性夢境」的例子）。證據也存在於我們有時會突然對某人有了全新認識，緊接著又感到我們一直都是有著這樣的認識。證據也出現在痛苦的真相即將浮現時出現的抗阻現象中，如口誤、表述不當、出神恍惚，或是不經意說了些和自己的一貫主張完全相反的話（過一會兒後又忘記說過這些話）。事實上，我們把很大精力花在向自己隱瞞我們知道的知識，這種壓抑知識的程度不管怎麼算都不會嫌高。《塔木德》中的一則傳說以詩的形式表達了這種抑制真相的狀況：天使在一個孩子出生時會觸摸一下他的額頭，讓孩子自出生那刻起就忘掉有關真相的知識。假如他忘不掉的話，人生對他來說將是難以忍受的。

回到我們的主要論點：「存在」指的是真實，它與虛假和虛幻形成對比。在這個意義上，任何試圖擴大存在領域的努力都意謂著增強對自我、對他人、對世界之實在的洞察力。穿透表象把握「實在」是通向存在的道路，這是佛教的中心思想，它在猶太教和基督教中也發揮了一定的作用。沒有它，猶太教和基督教的主要倫理目標：克服貪婪和仇恨，是不可能實現的。

不吝給予、分享與犧牲的意願

在當代社會，重擁有生命樣態被認為根植於人的本性，因而幾乎無法改變。同樣的想法也表現在這樣的論斷中：人基本上是懶惰的，本性上是被動的，不願意工作或做任何事，除非是受到物質誘因、飢餓或害怕懲罰心理所驅使。這種獨斷的想法幾乎沒有人懷疑，也決定了我們的教育方針和工作方法。但是，把社會的安排說成是出於人性的需要，不過是表達出我們想要證明這些安排是合理的願望。對於許多不同社會的成員而言，無論是在過去還是現在，「人類天生自私和懶惰」的觀念是荒誕不經的，正如「人類天生無私或勤勉」的觀點對我們而言，也同樣難以置信。

事實上，重擁有和重存在兩種生命樣態都潛存於人性之中，而我們的求生本能會推進重擁有樣態的發展。儘管如此，自私和懶惰並不是人所固有的唯一傾向。

我們人類生來就有一種根深蒂固的存在欲望：想要表現自己的才能，積極主動，與他人建立連結，逃避自私的囚籠。可證明這說法的證據多得能輕易寫滿一本書。赫布（D. O. Hebb）用最概括的形式闡明了問題的癥結，指出：「行為學上唯一的難題是去解釋人何以會有惰性，而不是去解釋人何以會有活躍性。」下面是支持他這一概說的證據[5]：

一、動物行為方面的證據。實驗和直接觀察表明，很多物種都會在完成困難任務時感到愉悅，儘管沒有獲得任何物質獎賞。

二、神經生理學的實驗證明，神經細胞天生具有活躍性。

三、嬰兒的行為。近期的研究顯示，嬰兒有能力和需求對複雜的刺激做出積極反應。這項發現與佛洛伊德的假設完全相反，他認為嬰兒把外部刺激當成威脅，會動員自身的攻擊性以消除此威脅。

四、學習行為。許多研究顯示，小孩和少年在學習過程中會出現怠惰，是因為學習材料枯燥死板，無法激發他們的興趣。倘若能消除壓力和枯燥，並以生動活潑的方式呈現學習材料，就可以大大激發他們的積極性和主動性。

五、勞動行為。梅奧（E. Mayo）的經典實驗表明，只要工人知道他們所從事的實驗是由一位精力充沛的天才人物指導，且這個人有能力激發他們的好奇心和參與度，那麼即使是枯燥乏味的工作也變得趣味盎然。歐洲和美國一些工廠中的情況同樣如此。管理階層則對工人抱有成見，認為工人對積極參與不感興趣，只希望得到更高的工資，因此，比起提高員工的參與度，分享利潤才是提高勞動生產率的誘因。雖然就管理階層所提供的勞動方法而言，他們的這種看法並沒有錯，但經驗顯示（有不少管理階層因而相信），一旦工人能夠發揮真正的主動性、被賦予責任並透徹了解其工作角色，那麼先前漠不關心的工人就會發生顯著的改變，並顯示出高度的創造性、主動性、想像力和工作滿足感。[6]

六、社會和政治生活中的大量事實顯示，稱人們不願做出任何犧牲的說法是

5 我在《人類破壞性的剖析》一書中對其中幾項證據有所說明。

6 麥科比（Michael Maccoby）在他即將出版的《運籌學家：新的企業領袖》（*The Gamesmen: The New Corporate Leaders*）一書中（我有幸讀到這本書的手稿）提到一些新近的民主參與計畫，特別提到他在「玻利瓦計畫」（The Bolivar Project）中的研究。「玻利瓦」是麥科比正在寫作的主題，將與另一個計畫同時成為麥科比最近準備進行的一項更大研究的主題。

大錯特錯的。當邱吉爾在二戰初期宣布，他必須要求英國人付出鮮血、汗水和眼淚時，他並沒有嚇倒他們，而是激發起深植於他們心中勇於犧牲和奉獻的人性願望。從英國人——德國人和蘇聯人也是如此——對敵國轟炸人口密集城市的反應可以看出，共同的苦難不但不會削弱人的鬥志，反而能增強他們的反抗意志，證明那些認為恐怖空襲會瓦解敵人士氣和提早結束戰爭的人是錯的。

然而，我們文明的一項可悲特徵是，雖然戰爭和痛苦能激發人的犧牲精神，和平時期的生活卻主要是助長自私心理。所幸在一些情況下，和平時期的個人行為也會表現出對獻身和團結的追求。工人罷工，特別是在第一次世界大戰之前的時期，是這類本質上非暴力行為的一個例子。工人要求更高的工資，同時也冒著生命危險，經歷千辛萬苦，為獲得尊嚴和體驗團結所帶來的滿足感而鬥爭。在當時，罷工既是一種經濟現象，也是一種「宗教」現象。雖然今日也會發生這樣的罷工，但現在絕大多數的罷工都出於經濟原因，儘管為爭取更好工作條件而舉行的罷工近年來也有所增加。

我們仍然可以在從事某些職業的群體（如護理師、醫生、僧侶和修女）發現，人對不吝給予和分享的需要，以及甘願為他人犧牲的精神。雖然很多從事這些職業的人不過是嘴上說說想幫助他人，但也有相當一部分人是言行一致的。數世紀以來，同樣的需要在很多團體中得到證實和展現，有些是宗教團體，有些是社會主義團體，有些是人道主義團體。我們在那些自願獻出鮮血的人身上，在人冒著生命危險去救另一個人的情境中，看到這種奉獻的願望。在心中充滿真愛的人身上，我們也能看到這種不吝給予的意願。「假愛」（false love），即共享的自私[7]，讓人更加自私（這種個案所在多有）。真愛能增強人愛的能力和不吝給予的能力。一個有真愛的人透過愛一個具體的人而愛整個世界。[8]

7 譯註：似乎指兩個人為了捍衛共同利益而互愛。

8 要理解不吝給予和分享是自然的人類衝動，最重要的讀物之一是克魯泡特金（P. A. Kropotkin）的經典著作《互助：演化的因素》（*Mutual Aid: A Factor of Evolution*, 1902）。另外兩本重要著作是蒂特馬斯（Richard Titmuss）的《饋贈關係：從血統到社會政策》（*The Gift Relationship: From Human Blood to Social Policy*）和費爾普斯（Edmund S. Phelps）主編的《利他主義、道德和經濟理論》（*Altruism, Morality and Economic Theory*）。蒂特馬斯在他的著作中舉了一些例子來說明人有不吝給予的願望，並強調我們的經濟體系阻止我們自由行使不吝給予的權利。

反過來說，我們發現有不少人，特別是年輕人，不能容忍他們富裕的家庭中隨處可見的奢侈和自私行為。他們沒有像長輩所以為的，因為「想要什麼就有什麼」而深感滿足，反而竭力反抗他們那種死氣沉沉和孤立的生活。因為事實上，這些年輕人並不擁有他們想要的一切。他們想要的是他們沒有的。

歷史上，這種人的絕佳例子是羅馬帝國的富家子女，他們接受了以貧窮與愛為核心的宗教。另一個例子是佛陀，他是一個王子，享盡榮華富貴，卻發現擁有和消費會引起不快樂和痛苦。更近一些（十九世紀下半葉）的例子是俄國上層階級的子女，即「民粹派」（Narodniki）。這些年輕人發現他們再也無法忍受自己生來就過的那種遊手好閒和不公道的生活，於是離家去與貧苦的農民生活在一起，從而為俄國革命奠定了基礎。

在美國和德國的富家子女中可以看到同樣的現象，他們感覺在富裕家庭環境中的生活乏味且毫無意義。不僅如此，他們不能容忍這個世界對窮人冷漠無情，不能接受利己主義對核子戰爭推波助瀾。因此，他們離家尋找新的生活方式。但仍然無法感到滿意，因為似乎沒有任何建設性的努力有成功的可能。他們之中很多人一開始是最富有理想和最敏感的年輕一代，但現在由於缺乏傳統、不夠成熟、缺乏經驗和缺乏政治智慧，他們絕望到不顧一切，自戀地高估自己的能力，並試圖透過暴力來取得不可能的結果。他們組成所謂的革命團體，希望用恐怖和破壞手段來拯救世界，卻沒有看到他們只是助長了到處蔓延的暴力和非人道現象。他們失去愛的能力，取而代之的是犧牲生命的願望。（自我犧牲通常是那些渴望去愛但失去愛的能力的人所採取的行動，他們以為獻出生命可以體驗到最高程度的愛。）然而，這些富有自我犧牲精神的年輕人完全不同於內心充滿愛的殉道者：後者熱愛生命所以渴望活著，他們是為了不背叛自己才被迫選擇死亡。今日，具有自我犧牲精神的年輕人既是被控訴者，同時又是控訴者，這說明了在我們的社會制度下，一些最優秀的年輕人變得如此孤立無助，不得不把毀滅和狂熱視為擺脫失望的唯一出路。

人對與他人連結的渴望根植於人類特有的生命處境，也是人類行為最強大的動力之一。我們一方面將本能的決定作用降至最低，一方面又發展出高度理性，遂失去了與大自然原有的一體性。為了不讓自己感到完全孤立（那樣會讓我們陷入精神失常的境地），我們需要找到一種新的一體性：與人類同胞連結。人與他人建立連結的需要表現在諸多方面：與母親、與偶像、與部落、與民族、與階級、與宗教、與兄弟會、與專業協會的共生關係皆屬此類。當然，這些關係往往相互重疊，並以一種狂熱的形式出現，如見於某些教派或濫用私刑暴民中的那樣，或見於戰爭期間爆發的全國性狂熱。例如，第一次世界大戰的爆發導致一次最激烈的狂熱「連結」。人們為了加入這個大寫的「我們」（We）的隊伍，一夜之間拋棄自己一直信仰的和平主義、反軍國主義和社會主義，科學家也把他們一輩子在客觀性、批判性思維和公正性方面所受的訓練忘到九霄雲外。

與他人連結的欲望既表現為最卑劣的行為（如虐待和破壞行為），也表現為最高尚的行為（以理想和信念為基礎的團結）。這也是人需要適應環境的主要原因之一：人害怕被社會拋棄多於害怕死亡。對每一個社會來說，關鍵問題是，在一定的社會經濟結構下，它要培育和推進什麼樣的一體性。

這些思考似乎表明兩種傾向都存在人身上：一種是重擁有傾向，其力量歸根究柢來自人的求生欲這項生物因素；另一種是重存在傾向，即分享、不吝付出和犧牲的傾向，其力量來自人類特有的生命處境，以及透過與他人連結來克服孤單的固有需要。從每個人所具有的這兩種矛盾的欲望中，我們可以看出，社會的結構、價值觀和規範，決定哪一種傾向占主導地位。有些文化助長擁有欲，從而助長重擁有生命樣態，它們根植於一種人類潛能。有些文化助長重存在生命樣態和分享的精神，它們根植於另一種人類潛能。我們必須決定要培養兩種潛能中的哪一種，但要意識到我們的決定大部分受到現有社會經濟結構的左右，它讓我們傾向於做出各式各樣決定。

根據我在群體行為領域的觀察，我認為，屬於根深蒂固、一成不變的重擁有型或重存在型極端群體的人畢竟是少數。對絕大多數的人而言，兩種可能性都是真實的。至於哪種可能性占上風，哪種受到壓制，則取決於環境因素。

這項假設與人們普遍接受的精神分析教條相矛盾。該教條主張，環境只能在人的嬰幼兒時期對人的個性發展產生本質影響，在那以後人的性格便固定下來，很難再受到外部事件改變。這項精神分析教條之所以為人接受，是由於童年時期的基本狀況延續到絕大多數人後來的生活中，因為一般而言，相同的社會環境是持續存在的。但是大量事例表明，環境的急劇變化會導致行為的根本改變，例如當消極的力量被遏制、積極的力量發展壯大之時。

總之，如果我們考慮到人類的生命處境，就不會對人頻繁且熱烈地渴望分享、奉獻和犧牲的事實感到吃驚。真正令人吃驚的是，人的這種需要竟會遭到嚴重壓抑，致使自私的行為成為工業社會（以及很多其他社會）的準則，團結友愛的行為反倒成了例外。然而，弔詭的是，這個現象本身正是由連結的需要所引起的。如果一個社會的運作原則是取得利益和擁有財產，那麼它將塑造出以重擁有為導向的社會性格。一旦這樣的主導模式受到確立，沒有人會希望成為局外人，甚至被驅逐。為了避免這種風險，每個人都順應多數人的行為模式，而多數人唯一的共同特徵，卻是他們之間相互對立。

由於自私態度占主導地位，我們社會的領袖遂認為唯有物質利益（即報酬）方能激起人的幹勁，而且人是不會響應團結和犧牲的號召的。因此，除了戰爭時期外，領袖極少會那樣號召，我們也就沒有機會觀察到這種號召可能產生的結果。

只有徹底不同的社經結構和徹底不同的人性觀才能表明，誘之以利並不是影響人的唯一（或最好）方法。

第六章

透過相對的概念談「擁有」與「存在」

安全感與不安感

停步不前、留在原地或倒退，也就是依賴我們既有的事物，是很大的誘惑，因為我們了解自己擁有的事物，可以掌握它，從而獲得安全感。我們害怕踏出一步，邁向未知和不確定，所以裹足不前。雖然踏出這一步之後，我們或許會發現實際上並不危險，但在這之前，前路似乎危機四伏，因而令人恐懼。只有舊的、嘗試過的，才是安全的，至少看上去是這樣。每踏出新的一步都有失敗的危險，這就是人如此害怕自由的原因之一。[1]

當然，在人生的不同階段，何謂舊的和已經習慣的事物，是不一樣的。當我們還是嬰孩的時候，我們僅擁有自己的身體和母親的乳房（我們尚無法將兩者區分開來）。然後，我們開始在世界上尋找自己的方向，並逐漸在其中為自己找到一個位置。我們開始希望擁有一些事物：母親、父親、兄弟姊妹、玩具。之後我們獲得了知識、工作、社會地位、伴侶和孩子。再接著，透過購置一塊墓地、購買人壽保險和立下遺囑，我們近乎擁有了死後的生命。

儘管擁有能帶給人安全感，人們仍然欽佩那些著眼於新的可能性、開闢新的道路並勇往直前的人。在神話中，英雄是這種生命模式的象徵。英雄勇於拋下他們所擁有的一切：故土，家族和財產。他們走出去時並不是無所畏懼，但沒有屈服於這種恐懼。在佛教傳統中，佛陀就是這樣的英雄，他放棄了自己所擁有的一切和印度教神學帶來的確定感，邁上一條無所執著的人生之路。在猶太教傳統中，亞伯拉罕和摩西也是這樣的英雄。基督教的英雄是耶穌，他一無所有，在世俗的眼光裡什麼都不是，但他的行為源自對所有人毫無保留的愛。希臘人的英雄是世俗的英雄，他們的目標是勝利、自豪感和征服。但就像宗教英雄一樣，希臘神話中的英雄海克力士（Hercules），和荷馬史詩中的英雄奧德修斯（Odysseus）也是勇往直前，不怕等在前頭的艱難險阻。童話中的英雄符合一樣的要求：他們離開家鄉，一往無前，勇於面對不確定性。

1 這是拙著《逃避自由》探討的主要課題。

我們欽佩這些英雄，因為我們深深地感到，他們所走的道路也是我們自己希望踏上的——如果我們有能力的話。然而我們害怕，認為自己做不到這一點，只有英雄才能做到。於是英雄成了偶像。我們把前進的能力轉移到英雄身上，自己則原地不動，辯稱「因為我們不是英雄」。

以上討論似乎在暗示，儘管當英雄令人嚮往，但那樣做是愚蠢和違背自身利益的。不過，事情絕非如此。那些小心謹慎和重擁有的人看似高枕無憂，卻必定是不安全的。他們依賴他們擁有的事物，例如金錢、聲望和自我，也就是依賴身外之物。但如果他們失去了所擁有的事物，會變得怎麼樣呢？人確實有可能失去他所擁有的。最顯而易見的例子是，一個人可能會失去自己的財產，隨之而來的，通常還會失去地位和朋友。並且或遲或早，人必然會在某個時刻失去生命。

如果我是我所擁有之物，一旦我失去了所擁有之物，那我又是誰？我只能是個失敗、洩氣、可憐兮兮的人，證明了我的生活方式是錯誤的。因為我可能失去我所擁有的事物，所以我必然天天擔心我將失去這些事物。我害怕竊賊，害怕經濟形勢變化，害怕革命，害怕疾病和死亡，我甚至害怕愛、自由、成長、變化和一切未知。於是我惶惶不可終日，長期遭受慮病症[2]的折磨，不僅懷疑自己有病，而且懷疑可能會遭到各種損失。因此我變得保守、冷酷、多疑和孤獨，不停想要擁有更多東西以更周延地保護自己。易卜生在戲劇《培爾・金特》（*Peer Gynt*）中精采地刻畫了一個這樣自私自利的人。主角心中只有自己，因為極端的自我，他相信自己是作為「欲望的集合體」而成為自己。到了生命的盡頭，他才發現，因為他的生命是以財產為骨幹，他從來不是他自己：他是一顆沒有芯的洋蔥，一個不完整的人。

重存在生命樣態沒有因為害怕失去擁有之物而生的焦慮和不安。如果我就是我，而不是我所擁有之物，那麼任何人都不可能剝奪或威脅到我的安全和身分感。我的核心就在我自身：我的存在能力和表達我本質力量的能力，是我性格結構的一部分，取決於我自己。這裡說的是正常生活狀態下，而不是有嚴重疾病、折磨，或其他強大的外部限制。

「擁有」是以越用越少的物品為基礎，反觀「存在」卻會隨著實踐而成長茁

2 譯註：又稱健康焦慮症，對於自身健康狀況超出應有的擔心程度。

壯。（《聖經》中不會焚毀的「燃燒的荊棘」[3]就是這種矛盾的象徵。）理性的能力、愛的能力、藝術創造的能力和知性創造的能力，這些本質性的能力都會在展現的過程中成長。用掉的東西不會失去，會失去的反而是盡力保留的東西。我「存在」的安全感唯一的威脅來自我自己：來自我對生命和我的創造性能力缺乏信心，來自退縮的傾向之中，來自內在的懶惰，和任由他人接管我的生活。但這些危險並不是「存在」所固有的；與此相反，失去的危險則是「擁有」與生俱來的。

團結與對抗

透過對比一首日本詩和一首英國詩，鈴木大拙顯示出喜愛一物卻沒有想去擁有它的心情（見本書第一章）。對現代西方人來說，喜愛一物而沒有想要擁有一物是很難的。但我們也沒有對這種感情完全陌生。如果漫遊者看到的不是一朵花，而是一座山、一片草地，或是其他無法拿走的事物，那麼鈴木大拙的比較就失效了。當然，許多人（或說大多數人）並不會真正看到一座山，他們只想要知道山的名字和高度，又或者想去攀登它，透過攀登將其擁有。但有些人能夠真正觀看一座山，並從中獲得樂趣。欣賞音樂作品也是一樣的道理。買一張喜歡的唱片固然可以理解為擁有音樂作品，也許大多數欣賞藝術的人其實都是在「消費」藝術，但仍然有少數人是以真正的欣悅來感受音樂與藝術，而沒有「擁有」的衝動。

我們有時能從人的表情讀出他們的感受。前不久我在電視上看到一個中國雜技團的精采演出。攝影鏡頭反覆照向觀眾，要捕捉他們的反應。大部分的臉龐都因為優雅生動的表演而顯得神采奕奕，美麗動人。只有少數人看來神情冷淡，無動於衷。

另一個只管欣賞而不想擁有的例子，很容易從我們對待幼兒的態度上看到。這其中當然不無自我欺騙成分，因為我們都喜歡自視為愛小孩的人。儘管如此，我仍然相信對幼兒發自內心的喜愛並不少見。部分原因可能是因為人們會防備年輕人

3 譯註：《出埃及記》裡描述的一株著火焚燒但焚而不毀的荊棘。透過這株荊棘，上帝向摩西顯現祂的臨在與神聖。

和成年人，卻不懼怕小孩，所以能自由地用愛回應他們，不會因為有防備心而無法去愛。

喜愛一物卻不渴望擁有一物的態度，最相關的例子可在人際關係中找到。男女之間會互相喜歡，可能的原因很多，例如喜歡對方的態度、品味、想法、性情或整體個性等。只有對那些總是渴望擁有自己喜歡的東西的人，這種互相喜歡才會引起性占有的欲望。至於對那些由重存在樣態主導的人，他們固然喜歡對方，甚至覺得對方有性吸引力，卻不是非「摘取」（丁尼生語）對方不可。

以擁有為中心的人希望擁有他們喜愛或崇拜的人，這一點可以從父母與子女、老師與學生、朋友與朋友之間的關係中看見。雙方都無法僅從欣賞對方中獲得滿足，都想獨占對方，因此，雙方對任何也試圖「占有」對方的人都會感到嫉妒。關係中的雙方都抓住對方不放，就像失事船隻的水手為求生而抓住浮木不放一樣。由擁有心態主導的人際關係是沉重、有負擔的，充滿衝突和嫉妒。

整體而言，在重擁有生命樣態中，人際關係的基本成分是競爭、對抗和恐懼。擁有型關係中的對抗成分來自這種關係的性質。如果一個人的身分感以擁有為基礎

（因為「我是我所擁有之物」），那麼想要擁有的願望就必然會演變為想要擁有很多、擁有更多和擁有最多。換句話說，貪欲是擁有取向的必然產物。這種貪欲可能表現為守財奴或逐利者的貪，也可能表現為沉溺女色者或玩弄男性者的貪。無論他們的貪欲由什麼構成，貪婪的人總覺得得到的不夠多，總是無法「滿足」。人的生理需求，例如說飢餓，因為受生理條件限制，總有一個具體的滿足界限。與此相反，心理上的貪欲（所有貪欲都是心理上的，即使是透過身體得到滿足）卻沒有止境，因為欲念的達成並不能克服內心的空虛、無聊、孤單和憂鬱。此外，因為一個人總是有可能失去他所擁有的東西，所以，為了使自己免於這種危險，他必須擁有更多。如果人人都想擁有更多，那麼人人都會懼怕周圍的人企圖奪取他所擁有的。為了防止這樣的侵襲，他必須變得更加強大和先發制人。再者，不管今日的生產力有多發達，它仍永不可能跟得上無止境的欲望的步伐，於是為了拿到最多，就必然存在人與人之間的競爭和對抗。哪怕達到絕對富足的階段，鬥爭仍將繼續。那些體能、吸引力和天賦較差的人，會強烈嫉妒在這些方面較強的人。

重擁有生命樣態和由此產生的貪欲必然導致對抗和鬥爭——人與人之間如此，

國與國之間也是如此。只要一國之民的主要動機是擁有和貪欲，那麼由這些人所組成的國家必然會發動戰爭。他們必定會覬覦別國所擁有的資源，並試圖透過戰爭、經濟壓力和威脅來得到想要的。他們首先採取這些手段對付那些較為弱小的國家，然後與其他國家結成更為強大的聯盟，打擊不那麼弱小的國家。只要有一定勝算，一個國家就會發動戰爭，這並非由於其經濟凋敝，而是因為去擁有和征服的欲望已深印在其社會性格之中。

和平的時代當然也是有的。但我們必須區分持久的和平和過渡的和平，後者只是積蓄力量、重建工業和軍隊的時期。換句話說，前者是持久的和諧與和平狀態，而後者本質上是休戰狀態。儘管十九、二十世紀有過一些休戰期，但這兩個世紀的主要特徵仍是歷史舞臺上主角之間的長期戰爭。只有重擁有結構被重存在結構取代，國家之間才有可能實現真正的和平，持續的和諧關係。認為鼓勵人在取得財富和利潤的同時，仍可建設和平的想法純屬幻想，而且是危險的，因為這種想法使人無法認知到他們面臨著一個非此即彼的選擇：要麼從根本上改變自己的性格，要麼身陷永久的戰爭。這其實是個由來已久的取捨：領袖一直選擇戰爭，而民眾一直追隨他們。在今日和未來，隨著新武器的破壞力增大到令人難以置信的地步，選項已不再是戰爭，而是同歸於盡。

國家之間的戰爭是如此，階級之間的戰爭也是如此。若一個社會是建立在貪欲原則之上，那麼階級鬥爭——本質上即剝削者與被剝削者之間的鬥爭——將不會停止。如果社會當中既沒有剝削的需要和可能性，也不存在貪婪的社會性格，那就不會有階級鬥爭。但是，只要重擁有樣態占主導地位，則任何社會都一定會有階級，即使是最富有的社會亦不例外。如前所述，有鑑於人的欲望沒有止境，即使生產力達到最大，也無法滿足每個人希望比鄰居擁有更多的夢想。那些更強壯、更聰敏，或因為其他原因而處於有利地位的人，必然會努力確立自己的優越地位，用強迫、暴力或暗示的方法，從較弱勢的人身上獲得好處。而被壓迫階級將會推翻統治者，如此循環往復。階級鬥爭也許會變得較為溫和，但只要貪欲占據人心，鬥爭就不會消失。在一個充滿貪欲的、所謂社會主義的世界裡，無階級社會的理念既虛幻又危險，就如同以為可以在貪婪的國家之間締造和平一樣。

在重存在樣態中，個人擁有（私有財產）不帶有情感上的重要性，因為我並不需要擁有某物才能去享受它甚至使用它。在重存在樣態中，從一件事物中獲得快樂的不僅是一個人，而是千千萬萬的人，因為擁有它不是享受它的條件。這不僅可以避免爭端，還能創造一種最深層次的幸福：分享的享受（shared enjoyment）。分享對某個人的崇拜和愛，分享一個觀念、一首樂曲、一幅油畫和一個象徵，分享一種儀式，甚至分享憂傷……這些分享都能把人無比緊密地結合在一起（但又不會限縮他們的個體性）。分享能讓兩個人的關係充滿活力並持續發展，是所有重大宗教運動、政治運動和哲學運動的基礎。當然，只有當人們是真心地愛和崇拜時才會這樣。一旦宗教或政治運動開始僵化，當官僚系統開始用催眠和威脅來控制人的時候，分享也就停止了。

自然界似乎在人的性行為中設計了「分享的享受」的原型（或象徵），然而從經驗層面上看，性行為不一定是一種分享的享受。性行為的雙方往往自戀、自私並充滿占有欲，因此他們感受到的只能說是同時的快樂，而不是分享的快樂。

然而在另一方面，自然界為「擁有」和「存在」的區別提供了一個較不那麼模稜兩可的象徵。陰莖的勃起完全是功能性的。男人並不像擁有某種財產，或某種持久的特性那樣擁有勃起（雖然我們都知道這是許多男人的希望）[4]。只要男人處於興奮狀態，只要他對引起他興奮的那個人有欲望，他的陰莖就會處於勃起狀態。如果由於某種原因讓這種興奮狀態受到干擾，那麼他將不擁有勃起。與幾乎所有種類的行為都不同，陰莖的勃起無法偽裝。非常傑出但較不為人知的精神分析學家果代克（George Groddeck）說過，一個男人說到底只有幾分鐘時間是男人，在大多數時間裡他只是個小男孩。果代克當然不是指男人在整個人格上大多數時候是個小男孩，而是針對許多男人認為勃起可以證明自己是個男人的想法而發。（參閱我一九四三年的論文〈性與性格〉〔Sex and Character〕）。

喜樂與快樂

愛克哈特教導我們，生氣勃勃有助於提升喜樂（joy）。現代讀者大概不會特

4 譯註：英語中說一個人勃起可以說have an erection（照字面解就是「『擁有』勃起」）。

別注意「喜樂」這個詞，並把愛克哈特所說的喜樂理解為「快樂」（pleasure）。然而喜樂和快樂的區別很關鍵，對理解重擁有和重存在兩種生命樣態的區別上尤其如此。理解這種區別並不容易，因為我們生活的世界多的是「沒有喜樂的快樂」（joyless pleasure）。

何謂快樂？儘管這個詞有不同用法，但按照流行的用法，這個詞最好的定義似乎是欲望的滿足，並且滿足欲望的過程不需要人的積極主動（在活力的意義上）。這種快樂有可能是極強烈的，例如中了彩票的快樂、性愛的快樂、吃飽喝足的快樂、贏得比賽的快樂、酗酒和吸毒帶來的神志不清的快樂、施虐癖得到滿足的快樂、殺人或肢解活物的快樂等等。

當然，為了變得富有和出名，人必須十分積極，但這裡所說的積極是忙碌的意思，不是指「從內在誕生」。達成目標的人可能會「興奮不已」或「極度滿足」，覺得自己到達「巔峰」。但那是什麼樣的巔峰呢？可能是興奮、滿足、恍惚或高潮狀態的巔峰。他們有可能在激情的驅使下達到這種狀態，這些激情雖是人所具有的，卻是病態的，因為它們無法從根本上解決人的困境。這樣的激情不會使人變得更強大，反而會削弱人的力量。基進的享樂主義者的快樂，對不斷興起的欲望的滿足，以及當代社會提供的各種享樂，只會帶給人不同程度的興奮，卻不會帶來喜樂。事實上，喜樂的闕如迫使人不斷尋求更新、更刺激的享樂。

就此而言，現代人的處境無異於三千年前的希伯來人。對以色列人談到他們最深重的罪孽時，摩西說：「因為你富有的時候，不喜樂和歡心地事奉耶和華你的上帝。」（《申命記》28：47）喜樂是伴隨創造性活動而來的。它不是到達頂點後就戛然而止的「巔峰體驗」，而是一座高原，是一種因為人創造性地表達其本質能力而來的情感狀態。喜樂不是瞬間的狂喜火焰，而是與存在相伴的光輝。

過了所謂的巔峰之後，快樂和刺激只會為人帶來哀傷的情緒，因為經歷了刺激之後，他的血肉之軀沒有成長，內在力量沒有增加。為打破非創造性活動的無聊乏味，人在一瞬間整合了他的所有能量（唯獨不包括理性和愛）。人試圖成為超人，而不想成為人。在那成功的瞬間，人覺得自己做到了，但接踵而至的是深深的沮喪，因為他們發現自己的內在沒有變化。「交媾之後的動物會憂鬱」[5]一語描述的是同樣的現象：沒有愛的性行為是高度興奮的「巔峰體驗」，但失望必定隨之而來。只有當肉體的親密同時也是充滿愛的親密時，人才會在性行為中體驗到喜樂。可以料想，在那些宣稱「存在」為人生目標的宗教和哲學體系中，喜樂必定扮演著核心角色。佛教反對快樂，卻把涅槃視為一種喜樂狀態，這一點表現在許多關於佛陀逝世的記載和繪畫中。（感謝已故的鈴木大拙先生透過一幅描寫佛陀圓寂的著名繪畫向我指出此事。）

《舊約》和後來的猶太文化傳統，都警告人不要沉溺於尋歡作樂所帶來的快樂，而是將喜悅視為伴隨「存在」狀態所自然產生的心境。《詩篇》以十五首讚美詩結尾，這些有感染力的讚美詩以恐懼和哀傷開始，但在喜樂與欣悅中結束。[6]安息日是喜樂之日，而到了彌賽亞時代，喜樂的情緒將瀰漫世界。《舊約》中的「先知書」裡有大量關於喜樂的表述，例如：「那時處女必歡樂跳舞，年少的、年老的，也必一同歡樂，因為我要使他們的悲哀變為歡喜，並要安慰他們，使他們的愁煩轉為喜樂。」（《耶利米書》31：13）又例如：「你們必從救恩的泉源喜樂取水。」（《以賽亞書》12：3）上帝稱耶路撒冷是「我所喜樂的可稱讚之城。」（《耶利米書》49：25）

《塔木德》對喜樂有著同樣的強調：「因履行戒律而獲得的喜樂是通往聖靈的唯一道路。」（〈福頌〉31, a）喜樂被看得如此重要，因此依據《塔木德》的規定，哪怕近親死亡還不滿一週，哀悼儀式也必須在安息日的喜悅中暫停。

哈西迪運動[7]創造一種以喜樂為核心元素的生活方式，其座右銘是《詩篇》所說的「喜樂地事奉耶和華」。對哈西迪派而言，悲傷和憂鬱即使不算徹底的罪孽，至少也是精神上謬誤的表現。

在基督教中，「福音」（意為「喜訊」）這個稱謂便已表明欣悅和喜樂的核心地位。《新約》認為，放棄擁有會讓一個人喜樂，而抱住財產不放的人註定是悲傷的（參閱《馬太福音》13：44和19：22）。在耶穌的許多言論中，喜樂被認為是重存在生命樣態的伴隨現象。在對使徒們的最後一次講話中，耶穌談到喜樂的終極形

5 譯註：語出古羅馬醫師蓋倫。
6 我在《你們將會像神那樣》中分析過這些讚美詩。
7 譯註：哈西迪派為猶太教神祕主義流派。

式：「這些事我已經對你們說了，是要叫我的喜樂存在你們心裡，並叫你們的喜樂可以完全。」（《約翰福音》15：11）

前文已經談到，在愛克哈特的思想裡，喜樂的角色至高無上。愛克哈特以最美和最詩意的語言描述歡笑和喜樂的創造力：「當上帝向著靈魂微笑而靈魂向上帝回笑時，聖父、聖子、聖靈的三位一體就誕生了。說得更具體一些，當聖父對著聖子微笑，而聖子也以微笑回應的時候，這種笑就會產生愉悅，愉悅帶來喜樂，喜樂又產生愛，愛造就了三位一體，聖父、聖子與聖靈合而為一。」（*Blakney*，p. 245）

史賓諾莎在其人類學—倫理學體系中給予喜樂至高的地位。他說：「喜樂是人類從較不完美通向較完美的途徑。悲傷是人從較完美通向較不完美的途徑。」（《倫理學》第三部分，界說二和界說三）

我們只有把史賓諾莎這段話放在他的整個思想體系中，才能完全理解其涵義：為了不至於墮落，我們必須努力接近「人性的典範」，也就是說我們必須達到最大的自由、理性和積極狀態。我們必須盡可能成為我們所能成為的人。這種我們本性之中固有的潛能可以理解為善。在史賓諾莎的理解裡，「善」是「任何能幫助我們更加接近人性典範的方法」；反之，「罪」是指「足以阻礙我們接近人性典範的方法」。（《倫理學》第四部分，序言）快樂是善，憂愁是惡。快樂是美德，悲傷是罪。

因此，在通向實現自我這個目標的道路上，我們體驗到的是喜樂。

罪與寬恕

在猶太教和基督教神學思想的古典概念中，罪在本質上等同於對上帝意志的不順服。這清楚見於一般觀念中第一宗罪的源頭：亞當的不順服。猶太教傳統與基督教傳統不同，並沒有把亞當的不順服理解成遺傳給所有後代的「原罪」，而僅把它視為第一宗罪。也就是說不是所有亞當的後代都會繼承這種罪。

但兩者都同樣認為，不服從上帝的命令就是罪，無論這些命令的內容是什麼。如果考慮到《聖經》裡的上帝是非常嚴厲的權威，是以東方的「萬王之王」[8]為藍本，那麼這一點就不值得驚奇了。更不讓我們意外的是，如果想到教會幾乎從一開始就盡力適應社會秩序，且無論在過去的封建主義時代還是現在的資本主義時代，社會秩序為求正常運轉，都會要求每個人嚴格遵守其法規，而這些法律既有符合他們真實利益的，也有不符合的。這些法規有多壓制性或有多寬容，以及執法手段如何，都不會改變一件事情：必須讓人學會畏懼權威，而不只是畏懼那些荷槍實彈的執法官員。這樣的畏懼還不足以保障國家正常運轉，公民必須內化這份畏懼，為不服從扣上道德和宗教的帽子：罪。

人尊重這些法規不僅因為懼怕，還因為他們若是不服從就會產生罪惡感。寬恕可以消除人的罪惡感，但只有權威才能給予寬恕。要獲得這種寬恕的前提是：罪人懺悔，受到懲罰，並透過接受懲罰重新表示屈服。這一連串的「罪（不順從）↓罪惡感↓重新屈服（懲罰）↓赦罪」形成一種惡性循環，因為每個不順從的行為都會導致更大程度的服從。只有少數人不會被嚇倒。普羅米修斯（Prometheus）是這些人的偶像。儘管受到宙斯最為殘酷的懲罰，但普羅米修斯既不屈服也沒有罪惡感。他知道，從諸神那裡偷取火種交給人類是一種悲憫行為，所以他雖然不順從，卻沒有罪。就像其他內心充滿愛的英雄（殉道者）一樣，他推翻了「不順從＝罪」的等式。

可是，社會並非由英雄構成。只要飯桌是為少數人準備，大多數人就必須為這些少數人的利益服務，並滿足於吃殘羹剩飯，因此，必須培養「不順從就是罪」的意識。國家和教會在這方面通力合作，因為它們都必須保護自己的階級制度。國家需要宗教向人灌輸意識形態，把不順從等同於罪；而教會則需要國家為其培養相信服從是美德的信徒。兩者都利用家庭這項制度，從孩子一表現出個人意志起就訓練孩子服從（這種訓練通常最晚始於如廁訓練）。只有折斷孩子的自我意志才能為他今後成為合格的公民做好準備。

在傳統神學和世俗的觀點中，「罪」是威權結構下的概念，而這種結構從屬於重擁有的生命樣態。我們的核心不在自身，而在我們所屈服的權威之中。我們的幸福並非來自自身的創造性活動，而是透過被動的服從和隨之而來的權威的認可。我

8 譯註：「萬王之王」是波斯帝國國王的稱號。

們有一個領袖（世俗或宗教上的領袖，即國王或上帝），我們對他或祂有信仰，我們有安全感——但我們必須身為無名之輩。這種屈從不一定是有意識的，可以是溫和的，也可以是嚴厲的；心理和社會結構也不一定完全是專制的（可能只是部分專制）。但這些情形都沒有改變此事實：只要我們把社會的專制結構內化，我們就活在重擁有的生命樣態之中。

正如奧爾教授（Alfons Auer）非常精要地強調，阿奎那關於權威、不順從和罪的概念是一種人本主義概念：罪並非不服從非理性的權威，而是指有損人類福祉的行為。[9]阿奎那這樣說：「我們永遠無法真正冒犯上帝，除非我們做出損害自身福祉的行為。」要理解他的立場，我們必須了解，在阿奎那看來，人的幸福既不是由純粹主觀的欲望來決定，也不是由本能的欲望（斯多噶派意義下的「自然的」欲望），或上帝的專斷意志來決定。發揮關鍵作用的是我們對人性的理性認識，以及建立在人性基礎上，有利於人最理想發展的規範。（值得指出的是，阿奎那十分順從教會，支持既有的社會秩序，反對革命性宗派，因此他絕不是非專制倫理的真正代表。他將「不順從」一詞同時用於兩種不同形式的違抗，有助於掩蓋其立場的內在矛盾。）

罪被視為不服從，是專制結構（即重擁有結構）的一部分，而在根植於重存在樣態的非專制結構中，罪的涵義截然不同。這種涵義隱藏在有關人類墮落[10]的《聖經》故事中，需要我們對這個故事採取不同的解讀方能明白。上帝將人安置在伊甸園中，並警告他不要吃生命之樹和知善惡樹上的果實。上帝看出來「那人獨居不好」（《創世記》2：18），於是便造了一個女人。男人和女人應該結為一體。當時二人赤身裸體，「並不羞恥」。（《創世記》2：24）對此，人通常是從傳統的性道德角度來加以闡釋，認為男人和女人的生殖器如果裸露著，他們按常理會感到羞恥。但這似乎不是這段文字的全部意義。在更深的層面上，這句話可能是隱含地說，雖然男人和女人一絲不掛地待在一起，但他們並沒有——甚至不可能——覺得

9 奧爾教授這篇尚未發表的論文是探討阿奎那的道德自主性觀念，非常有助於理解阿奎那的倫理思想。（感謝他讓我拜讀手稿。）同樣有幫助的是他的另一篇論文〈罪是對上帝的侮辱嗎？〉（Is sin an insult to God?）。（見參考書目。）

10 譯註：指亞當、夏娃違背上帝命令偷吃禁果而被逐出伊甸園一事。

羞恥，因為他們都沒有把對方視為陌生人，視為單獨的個體。相反地，他們覺得他們是「一體」的。

這種前人類（prehuman）的處境在人類墮落之後發生了根本變化。這時他們成了完全意義上的人，擁有理智，能區分善惡，能意識到每個人都是單獨的個體，能覺察到原初的一體性已經破滅，彼此成陌生人。他們之間距離很近，但感覺上是隔離和疏遠的。他們感受到最強烈的羞恥（「赤裸著」站在別人面前的羞恥），同時意識到彼此間的疏遠，感受到隔開彼此、無法形容的鴻溝。他們用無花果樹的葉子「為自己編作裙子」（《創世記》3：7），藉此避免毫無保留地把自己呈現在別人眼前。但是，羞恥和罪惡感不會因為遮掩而消除。他們不是懷著愛去接近對方。或許他們在肉體上渴望對方，但肉體的結合無法治癒人的疏遠。從他們對待彼此的態度上可以看出，他們並不愛對方：夏娃沒有設法保護亞當，而亞當為了逃避懲罰而把責任推給夏娃，沒有為她說話。

他們犯下了什麼罪呢？他們的罪，在於變成了分離、孤立和自私的人，無法透過愛來結為一體，克服彼此的隔閡。這種罪的根源在於人的生命本身。因為失去了與自然界原初的和諧關係，不同於依賴本能生活的動物，擁有理性和自我意識的人類無法避免地感受到自己與他人之間的徹底分離。在天主教神學中，這種彼此間完全疏遠、沒有愛來加以彌合的狀態稱為「地獄」。這是我們無法忍受的。我們必須尋找某種方式來克服這種絕對孤立之於人的折磨：透過屈服、透過支配，或是透過讓我們的理智和自我意識沉默。但這些方法都只能成功於一時，反而阻礙通往真正解決問題的道路。只有一種方法能將我們從「地獄」中解救出來，就是掙脫自我中心的牢籠，走出去，與世界合為一體。如果因自我中心而引起的疏離是罪大惡極，那這罪可以透過愛的行動得贖（atoned）。英語的「贖罪」（atonement）表達了這一層概念，因為在詞源上，這個詞源自at-one-ment（合為一體），這是中古英語中用來表達合一的形式。由於彼此疏離之罪並不是不順從的行為，因此不需要被寬恕。但它必須被醫治，而唯一的藥方不是接受懲罰，而是去愛。

芬克向我指出，有些「教會父老」繼承了耶穌的「非專制性罪」這個概念，認為真正的罪是分裂。他舉出以下的例子（轉引自德呂巴克[11]）：俄利根（Origines）說：「凡有罪的地方就存在差異，而在美德遍布之地，只有統一與完整。」宣信者馬克西姆（Maximus Confessor）說，由於亞當所犯的罪，「本來是個和諧整體、沒有你我衝突的人類，變成多如塵埃的個體。」類似觀點也見於聖奧古斯丁和阿奎那。德呂巴克總結說：「要想復原，救贖的行為必須是重新獲得失去的統一性，包括恢復人與上帝的超自然統一性，還有人與人之間的統一性。」[12]

總之，在重擁有生命樣態中（也就是在專制結構中），罪就是不服從，消除的方法是懺悔→懲罰→再度服從。而在重存在生命樣態裡（即在非專制結構裡），罪是未能解決的疏遠，解決的辦法是全面發展理性和愛，是致力於合為一體。

我們可以從兩種角度解讀《聖經》中人類墮落的故事，因為故事融合了專制和解放這兩種元素。但是，罪的兩種詮釋：一種是違抗，一種是疏離，本質上是南轅北轍的。

《舊約》中的巴別塔故事似乎包含同樣的觀念。人類在其中達到一種統一狀態，其具體表現是所有人說著同一種語言。但由於懷著追求權力的野心和貪求擁有一座巨塔，人類摧毀了自身的統一性，變得七零八落。在某個意義上，巴別塔的故事是關於人類的第二次「墮落」，是人類歷史上的罪過。讓故事變得更複雜的是，它說上帝害怕人類的統一和由此獲得的力量。「耶和華說：『看哪，他們成為一樣的人民，都說一樣的言語，如今既做起這事來，以後他們所要做的事就沒有不成就的了。我們下去，變亂他們的口音，使他們的言語彼此不通。』」（《創世記》11：6－7）當然，同樣的困境在人類墮落的故事中就已經存在：在那個故事中，上帝懼怕人類吃了智慧樹和生命樹的果實而獲得力量。

對死的恐懼與對生的肯定

如前所述，假如人的安全感是以他所擁有的事物為基礎，那他將不可避免地害怕失去這些財產。我想進一步談談這一點。

---

11 譯註：Henri de Lubac，法國耶穌會士兼樞機主教，被認為是二十世紀最有影響力的神學家之一。

12 我在《你們將會像神那樣》（*You Shall Be as Gods*）裡考察了整個罪的課題，參見「罪與懺悔的概念」（The Concept of Sin and Repentance）的部分。

我們可能不依戀財產從而不害怕失去。但是，我們是否也可能不害怕失去生命，而不害怕死亡呢？只有老人和病人才怕死嗎，還是說所有人都會怕死？我們對自己終有一死的意識是瀰漫我們一生的嗎，還是說只有當我們接近生命的終點時，只有當我們年老和生重病時，才會對死亡有強烈的恐懼？

要搞懂這個，我們需進行大規模的系統性精神分析研究，調查人從童年到老年的整個時期，並且把有意識或無意識的怕死表現都包括進來。這些研究不應侷限在個人的案例，還應當利用現有的社會精神分析方法（sociopsychoanalysis），對較大的群體進行研究。但目前尚無這樣的研究，所以我們不得不根據很多零散的資料推敲出初步的結論。

最重要的資料大概是人對長生不死根深蒂固的欲望，這種欲望表現在很多致力保存人體的儀式和信仰中。另一方面，在現代社會，特別是在美國，人通常藉由為屍體美容來否認死亡，這同樣顯示出人透過掩蓋死亡來壓抑對死亡的恐懼。

要想真正克服這種恐懼心理，途徑只有一條。佛陀、耶穌、斯多噶派和愛克哈特都為我們指明了這條道路：不要對生命持有執念，不要把生命視為一種財產。對死亡的恐懼其實並不像表象那樣，是在害怕生命停止。伊比鳩魯指出，死與我們無關：「因為只要我們還存在，死就沒有到來；一旦死到來，我們也就不存在了。」人當然懼怕死前的痛苦和折磨，但這與對死的恐懼是兩回事。雖然這樣看來對死亡的恐懼是非理性的，但如果生命被視為一種財物，就不是如此了。那樣的話，人害怕的就不是死亡，而是失去他所擁有的東西：他的軀體、自我、財產和身分，他害怕面對那個沒有自我身分的深淵，害怕陷入「迷失」的境地。

只要我們一日活在重擁有的生命樣態中，我們必然怕死。任何理性的解釋都不會消除這種恐懼。但是，一個人如果能夠重建與生命的連結，回應他人的愛並點燃自己內心的愛，那麼哪怕他在彌留之際，恐懼感也會大大減少。要去除對死亡的恐懼，不是說要做好死的準備，而是持續努力減少重擁有樣態，增加重存在樣態。正如史賓諾莎所說的，有智慧的人思索生命而不思索死亡。

學會如何去死實際上就是學會了如何去生。如果我們能擺脫對各種形式的財物的貪欲，特別是擺脫自我的束縛，我們對死亡的恐懼就會大大減少，因為我們沒有什麼可失去的。[13]

當下、過去與未來

重存在生命樣態只存在於當下，而重擁有生命樣態只存在於時間之中，即存在於過去、現在和未來之中。

在重擁有生命樣態中，我們受縛於過去所積攢起來的事物：金錢、土地、名望、社會地位、知識、子女和回憶。我們追憶過去，透過回憶過去的感覺（或者我們以為是感覺的東西）來獲取感受。（這便是多愁善感的本質。）我們就是過往。我們可以說：「我就是我的過去。」

未來是對過去將會發展成什麼樣子的預期。在重擁有生命樣態中，人體驗未來的方式與體驗過去相同，例如，人常說「這個人有未來」，意思是這個人將會擁有許多他現在還沒有的事物。福特汽車公司的廣告口號「您的未來裡有一輛福特」，強調的是未來的「擁有」，就像期貨交易一樣。不管是過去還是未來，擁有的基本體驗都是一樣的。

現在是過去與未來的交會點，是銜接過去與未來的邊境站，但其本質與過去和未來並無不同。存在未必超越時間，但也不受時間的限制與支配。畫家必須與顏料、畫布和畫筆角力，雕塑家必須與石頭和鑿子較勁，但創作活動所賴的靈感（洞察、想像力）卻超越了時間。靈感或在一瞬間綻現，或在多次靈光乍現中顯露，但在這些時刻，時間彷彿不復存在。同樣道理也適用於思想家。他們用文字寫下想法是發生在時間之中的行為，但構思這些想法則是超越時間限制的創造性過程。「存在」的各種展現形式也是同樣的道理。對愛、喜樂和領悟真理的體驗都不在時間之內，而是在當下。當下即永恆，即無時間性。人往往把永恆理解為無限長的時間，這是不對的。

對上述我們與過去的關係，必須加上一個重要的限定。我指的是對過去的回憶、思索與沉思。以這種方式來「擁有」過去，過去就是死的。但我們也可以讓過

13 我的討論只限於對死亡的恐懼本身，不涉及那個無法解決的問題：我們的死會對愛我們的人造成痛苦。

去活起來。我們可以鮮活地體驗到過去的情境，彷彿它就發生在當下。也就是說，我們是可以重新創造過去，讓它變得栩栩如生（象徵性的說法就是讓其復活）。如果能夠做到這一點，那過去就不再是過去，而是成為當下。

我們也可以如同體驗當下那般去體驗未來。當一個人在預想中充分體驗一個未來的狀態，這種狀態雖在客觀上屬於未來，但在主觀體驗中，它已轉化為當下的現實。這便是真正的烏托邦式思維（不同於白日夢），它是真正信仰的基礎，這種信仰不需要等待未來真的發生，因為它在我們的內心已經變得真實可感。

過去、現在與未來，也就是時間的概念，之所以存在我們的生活中，是因為我們有身體。身體使我們壽命有限，身體需要持續被照料，我們也必須依賴物質世界來維持生存。的確，身為凡人，我們無法活在永恆之中，也無法忽視或逃離時間。日夜的更替、睡眠與清醒、成長與衰老，以及我們透過勞動來維持生命和保護自己的需要：如果我們想要活下去，這些因素都迫使我們尊重時間，而我們的身體讓我們想要活下去。但尊重時間是一回事，屈服於時間是另外一回事。在重存在樣態中，我們尊重時間，但不屈服於它。但如果重擁有樣態占主導地位，對時間的尊重就會變為屈從。在這種樣態中，不僅物是物，所有生命體也都變成了物。在重擁有樣態中，時間成為我們的統治者。在重存在樣態中，時間遭到罷黜，不再是統治我們生活的主宰。

在工業社會中，時間的支配至高無上。目前的生產模式要求所有的生產活動都必須準確計時。受時間支配的，不只是永不停歇的工廠生產線，甚至我們大部分的活動都更隱性地受時間支配。此外，時間不僅僅是時間，「時間就是金錢」，必須充分使用機器，從而將機器的運轉節奏強加給工人。

時間借助機器成為我們的統治者。我們只有在空閒時間裡才看似有一定選擇權。但我們往往像安排工作那樣安排自己的閒暇時光。又或者我們透過絕對的懶惰來反抗時間的暴政。除了違抗時間的命令，我們什麼都不做，由此獲得自由的錯覺——實際上我們只是從時間的監獄裡獲得假釋而已。

第三部

新人類與新社會

第七章

宗教、性格與社會

在這一章，我想說明的是，社會變革與社會性格的變化兩者之間是相互作用的。此外，「宗教性」衝動能為人提供必要的能量，推動他們從根本上變革社會。因此，只有當人心發生根本的變化，也就是當人們以新的獻身目標來取代現在的目標，新社會才有可能出現。[1]

社會性格的基礎

上述這些反省的出發點，是個人的性格結構與其作為一分子的社經結構是相互依存的。我將個人心理領域與社經結構的融合物稱為「社會性格」（social character）。（更早之前，在一九三二年，我曾以「社會的力比多結構」來描述此現象。）社會的社經結構形塑其成員的社會性格，使人們願意去做他們被要求去做的事。與此同時，社會性格也會影響社會的社經結構，發揮凝固劑般的作用，來鞏固和穩定社會結構；或在特殊情況下，社會性格會成為炸藥，摧毀原有的社會結構。

社會性格與社會結構之關係

社會性格與社會結構之間的關係從來都不是靜止不變的，因為兩者都是不斷發展變化的過程；當其中一方發生改變，必然意味著雙方都會發生變化。許多政治革命家相信，首先必須徹底改變政治和經濟結構，人的思想必然也會接著發生變化。換言之，新社會一旦建立，便會幾乎自動地產生新人類。但為他們所忽視的是，新的社會菁英由於仍然受到舊有的社會性格驅使，往往會在革命所建立的新社會政治體制中重建舊的社會秩序。這使得革命的勝利實際上是革命的失敗。不過，作為一個歷史階段，革命為社會經濟的發展鋪平了道路，儘管這一發展在全面實現上受到阻礙。法國大革命和俄國大革命都是活生生的例子。值得注意的是，列寧起初認為一個人的性格對於其是否能成為革命者不具決定性作用，但在生命的最後一

1 這一章非常倚重我以前的著作，特別是《逃避自由》（1941）和《精神分析和宗教》（*Psychoanalysis and Religion*, 1950）。在這兩本書中，我都引用了關於這項這文獻豐富的課題中最重要的著作。

年徹底改變這種觀點。他因為清楚看到史達林的性格缺陷，在遺囑中要求史達林不得成為他的繼承人。

站在另一個極端的人則主張首先要改變人的本性，即改變人的意識、價值觀和性格，只有這樣才能真正建立一個以人為本的社會。人類歷史證明他們是錯誤的。純粹心理上的變化總是只停留在個人領域，侷限於小範圍內。如果宣揚的是一套精神價值，而實際奉行的又是另一套價值準則，那麼純粹心理上的變化更是絲毫發揮不了作用。

社會性格與「宗教」需要

社會性格除了滿足社會對某種特定性格類型的需求，以及滿足個人由性格決定的行為需求外，還有另外一項重要功能：滿足人類與生俱來的宗教需求。需要澄清的是，我這裡所說的「宗教」不必然與上帝的概念、偶像，或通常被視為是宗教的體系有關，而是指任何為群體所分享的思想和行為體系，這種體系可以為個人提供定向架構[2]和獻身對象。就廣義的宗教而言，沒有任何過去或現在的文化是沒有宗教的，甚至未來的文化看來也是如此。

上述「宗教」的定義並沒有告訴我們它的具體內容。人膜拜的對象可以是動物、樹木、以黃金或石頭打造的神像、不可見的神、一位聖人，或一個惡魔似的領袖，也可以是他們的祖先、國家、階級，或政黨、金錢與成就。宗教既有可能助長人的破壞性，也有可能增加愛意；既有可能加強宰制，也有可能促進團結；既有可能使人的理性力量得到發展，也有可能使之癱瘓。人也許會意識到自己的體系是一種宗教體系，與世俗領域的體系截然不同；又也許會認為他們是沒有宗教的，把對某些所謂世俗目標（如權力、金錢和成就）的追求視為務實的追求。問題不在於是否有宗教信仰，而是宗教的種類。究竟是能促進人類發展、展現人類特有能力的宗教，還是抑制人類成長的宗教？

任何宗教，只要它能有效地驅動人的行為，就不能簡單地被視為教義和信仰

2 譯註：frame of orientation，「定向架構」的意思與「世界觀」類似。

的總和。它深深扎根於個人特定的性格結構之中，而如果它是某一群體的宗教，也會深深扎根在其社會性格之中。因此，我們的宗教態度也許可以被視為我們性格結構的一部分，因為我們就是我們所獻身之物，而我們所獻身之物正是驅動我們行為的動力。但是，一個人往往對自己真正獻身的對象不知不覺，而將他公開宣稱的信仰和他真正、但隱祕的信仰混為一談。例如，如果一個人崇拜權力，卻公開宣稱自己信奉愛的宗教，那麼，對權力的信仰便是他的隱密宗教，而他公開宣稱的信仰，例如基督教，不過是一種意識形態。

對宗教的需要根植於人類這個物種的基本生存條件中。就像黑猩猩、馬和燕子一樣，人類自成一個物種。每個物種都是由特定的生理特徵和解剖特徵來界定的，而人類物種的生物學定義已獲得廣泛共識。我一直主張，也應該從心理層面對人類（即人性）做出界定。在動物界的生物演化過程中，人類出現在兩種演化趨勢的交匯點。其中一種趨勢是，行為受本能驅動的程度逐漸減少。（這裡的「本能」指的是有機體的內在驅動力，不是指那種與學習因素無關的過時定義。）即使對本能的定義存在許多爭議，但普遍都認為，演化程度越高的動物，其行為受基因設定的本能支配就越少。

我們可以把行為受本能支配程度逐步降低的過程畫成一條連續線，在「零」的那一端是動物演化的最低形式，受本能支配的程度也最高。隨著不斷演化，本能的支配程度逐漸降低，到哺乳類動物已經降到了一定的層次。到了靈長類動物，本能的支配程度更低，我們甚至可以在猴和猿之間看見巨大差異（R. M.耶基斯〔Yerkes〕和A. V. 耶基斯於一九二九年進行的經典調查曾顯示出這一點）。到了人類，受本能支配的程度降至最低。

動物演化過程中的另一個趨勢是大腦的成長，特別是新皮質層（neocortex）的成長。這裡我們也可以畫一條連續線，一端是最低等的動物，牠們具有最原始的神經結構和較少的神經元；另一端是智人，他們的大腦結構更大、更複雜，特別是他們大腦新皮質的面積是我們的靈長類祖先的三倍，而且神經元間的連結數量驚人。

基於以上事實，我們可以把人類定義為一種受本能支配程度最低、腦發展程度最高的靈長類動物。人類受本能最低程度支配與腦部最大程度發展，這兩者的結合在生物演化史上前所未有，成為生物學上的全新現象。

人類不再受本能驅使，同時具有自我意識、理性和想像力，這些新特質超越了即使是最聰明的靈長類所具備的工具性思考能力。為了生存下去，人類需要有一個定向架構和一個獻身對象。

人如果沒有一幅自然界和社會的「地圖」——一幅有結構與內在凝聚力的世界圖景，能描述人在其中的位置，來理解世界的運作——人就會茫然困惑，無法採取有目標和一致的行動，因為他會失去方向，無法找到一個固定的參照點，讓他整理他所接收到的各種印象。我們只有透過與周圍的人達成共識才能理解世界的意義，才能對自己的想法有把握。即使我們的地圖是錯的，它也發揮著心理上的功能。但地圖從來不會完全錯誤，也不可能完全正確。它大多數時候是對現象的近似解釋，足夠為生活的目的而服務。只有當我們的生活實踐擺脫矛盾和非理性，這張地圖才可能符合客觀實在。

令人印象深刻的事實是，沒有一種文化不具備這種定向架構。個人也是如此。個人常常會宣稱自己沒有這樣一幅整體圖像，自以為是憑著自己的判斷力、根據具體情況來處理生活中遇到的不同現象和事件。但很容易證明，他們不過是把他們的處世哲學當作理所當然（因為對他們而言那不過是常識），絲毫沒有察覺到他們的所有觀念都是來自一個被普遍接受的參考架構。當這些人遇到另一套完全不同的人生觀時，便認為它是「瘋狂的」、「非理性的」或「幼稚的」，只有他們自己那一套才是唯一「合邏輯的」。我們尤其可以在兒童身上清楚看到人對參考架構的強烈需要：到了一定年齡，兒童就會用他們所能獲取的少量資料，巧妙地為自己編織出一個定向架構。

然而，僅靠一張地圖來指導行動是不夠的，我們還需要一個目標告訴我們向何處去。動物沒有這樣的問題，牠們的本能為牠們提供了地圖和目標。但我們是不受本能支配的，而我們的大腦讓我們想像出許多可供選擇的方向，因此我們需要一個獻身對象，它既是我們一切努力的焦點，又是我們實際價值觀（而非只是口頭上宣稱的價值觀）的基礎。我們需要這樣的獻身對象，以將我們所有的能量凝聚在同一個方向，來超越我們孤獨的生命，擺脫所有的疑慮和不安，以及滿足我們對人生意義的追求。

社經結構、性格結構和宗教結構三者密不可分。如果宗教體系與盛行的社會性格不符、與實際的社會生活相衝突，那麼它就只是一種意識形態而已。我們必須看到隱藏其後的真正宗教結構，即使我們可能沒有意識到它的存在。只有當性格中的宗教結構所具有的能量成為炸藥，試圖摧毀現存的社經狀況時，我們才能意識到它。然而，就像總是有些人不符合主流的社會性格，也總是有些人不符合主流的宗教性格。這些人往往是宗教革命的領袖或是新宗教的創立者。

「宗教性」（religious）取向是所有「高等宗教」的經驗核心，卻在這些宗教的發展過程中幾乎完全被扭曲。至於個人在意識層面如何看待自己的宗教取向並不重要。他們也許實際上有宗教信仰，但自己卻不這麼認為；又也許他們雖然自視為基督徒，實際上卻毫無宗教信仰。除了宗教的概念和制度面，我們無法以言語描述宗教的體驗。因此，我以加了引號的「宗教性」來表示這個詞語在經驗取向和主觀取向上的意義，而不管一個人用什麼概念來表達自己的「宗教觀」。[3]

西方世界信奉基督教嗎？

根據歷史記載和大多數人的看法，歐洲開始信奉基督教始於君士坦丁大帝統治下的羅馬帝國，而後在西元八世紀，北歐的異教徒在「日爾曼使徒」波尼法爵（Bonifacius）等人的傳道影響下皈依基督教。但歐洲曾經完全信奉基督教嗎？

儘管對這個問題的回答一般都是肯定的，但仔細分析就可看出，歐洲皈依基督教大致上只是個假象。十二至十六世紀的情況充其量只能說是有限度地皈依基督教，而在十二世紀之前和十六世紀之後的幾百年，信眾的皈依對象基本上是意識形態，或某種程度上是對教會的屈從，人心並沒有發生變化——即性格結構並沒有改變。當然，也發生許多真正的基督教運動，但這些都是例外。歐洲在十二至十六世紀這四百年間才開始皈依基督教。教會設法在財產、物價和濟貧等問題上推行基督教的原則。這時，出現了許多持部分異端觀點的領袖和教派：他們主要受神祕主義的影響，要求回歸基督的原則，包括譴責擁有財產。神祕主義——以愛克哈特為高峰——在反專制的人文主義運動中發揮關鍵作用，而婦女成為突出的神祕主義導師

3 布洛赫（Ernst Bloch）對無神論宗教經驗的探討極為深刻和大膽，無人能出其右。

和弟子，這絕非偶然。很多基督教思想家都主張建立一種世界性宗教，或一種簡單、不教條化的基督教，甚至連《聖經》裡的上帝概念也成了問題。到文藝復興時期，神學和非神學人文主義者在哲學與烏托邦理想上，承襲了十三世紀的思想傳統；事實上，中世紀晚期（即「中世紀文藝復興時期」）與通常定義為文藝復興的核心時期之間並沒有明確的界線。阿茲（Frederick B. Artz）道出了文藝復興高峰期和晚期的精神：

在社會領域，中世紀的大思想家主張上帝面前人人平等，即使最卑微的人也有無限的價值。在經濟領域，他們主張勞動會帶來尊嚴而不是墮落，不應利用人去做無益其福祉的事，工資和物價必須以公正為準繩。在政治領域，他們主張國家職能應該是道德的，法律及其施行都應一本基督教的公正觀念，統治者與被統治者之間的關係應建立在相互義務的基礎上。上帝將國家、財產和家庭委託給管理它們的人，它們必須被用來實現神聖的目標。最後，中世紀的理想還強烈相信，所有民族和國家都是一個大共同體的一部分。就像歌德所說的：「人類高於民族。」或像一九一五年艾迪絲·卡維爾（Edith Cavell）在被處決的前一晚，在《效法基督》（Imitation of Christ）的書頁邊緣所寫的：「光愛國是不夠的。」

事實上，如果歐洲歷史能延續十三世紀的精神，如果科學知識和個人主義以類似演化的方式慢慢發展，那麼我們今天的處境也許更為有利。只可惜，理性開始衰退為操縱性的智力，而個人主義衰退為利己主義。短暫的基督教化時期結束後，歐洲又回歸到原有的異教信仰。

不管思想差別有多大，所有基督教派別都秉持一個共同信仰，那就是耶穌基督是救主，他出於對世人的愛而犧牲自己的生命。他是愛的英雄，一個沒有權力的英雄，他不使用暴力，不想統治別人，不想擁有任何東西。他是存在的英雄，不吝給予的英雄，分享的英雄。這些特質深深打動了羅馬的窮苦百姓，和一些對自己的自私感到羞慚的富人。耶穌打動人心，儘管從理智的觀點來看，他幼稚而天真。對這位愛的英雄的信仰贏得千千萬萬的追隨者，其中許多人改變了生活方式，甚至成為殉教者。

基督教的英雄是殉教者，因為就像猶太教傳統一樣，基督教的最高目標是為上帝和人類同胞獻出生命。這些殉教者與異教的英雄（例如希臘和日爾曼的英雄）截然不同。異教英雄的目標是征服、戰勝、毀滅和掠奪，他們的人生目標是榮譽、權力、名望和超凡的殺戮技巧（聖奧古斯丁把羅馬帝國的歷史比作一群強盜的歷史）。對於異教的英雄來說，人的價值就在於他獲取和保有權力的能力，所以他們會甘於在奪得戰鬥勝利的時刻含笑而死。荷馬的《伊利亞特》是以詩的方式大大美化這些征服者和強盜，為他們歌功頌德。殉教者的特徵是存在、不吝給予和分享，而英雄的特徵是擁有、剝削和強制。（應當一提的是，異教英雄的形成是與父權制戰勝母系社會分不開的。男人對婦女的支配是人類的首次征服行為，也是首次運用暴力進行剝削。男人勝利之後，在所有的父權制社會中，這些原則就成為男人性格的基礎。）

今天，「殉教者」和「異教英雄」這兩種互不相容的生命發展樣態中，仍然盛行於歐洲的是哪一種呢？倘若看一看我們自己，看一看絕大多數人的行為，看一看我們的政治領袖，我們心目中「善」和「價值」的榜樣無可否認是異教的英雄。儘管歐洲和北美洲皈依了基督教，但其歷史是征服、傲慢和貪婪的歷史。我們的最高價值是：比別人強、成為勝利者、征服他人和剝削他人。這些價值與我們的「男性氣概」理想相吻合：只有能夠戰鬥和征服的人才算得上是男人。不會使用暴力的男人是軟弱，是沒有「男子氣概」。

歐洲歷史是征服、剝削、暴力和壓迫的歷史，這一點無須證明。幾乎沒有一個歷史時期不是這樣，也沒有一個種族和階級除外。歷史還常常包含種族滅絕（如美洲印地安人的遭遇），甚至一些宗教行動（如十字軍東征）都是如此。這些行為僅是由經濟和政治原因驅動，而那些奴隸販子、印度的統治者、屠殺印地安人的劊子手、強迫中國開放通商口岸進口鴉片的英國人，以及挑起兩次世界大戰並為下一次戰爭做準備的人，他們在內心裡都是基督教徒嗎？還是說只有那些首領才是掠奪成性的異教徒，而大多數群眾都是基督教徒？如果真是這樣，我們可能會開心得多。遺憾的是，事實並非如此。確實，首領比追隨者更貪婪成性，因為他們能得到的更多，但無論過去還是現在，如果對征服和成為勝利者的期望不屬於社會性格的一部分，他們的計畫就不可能實現。

要證明這一點，我們只需回憶一下人們在過去兩個世紀是如何狂熱地參與一次又一次的戰爭：數以百萬計的人只是為了維護「最強國」的形象或國家的「榮譽」或利益，不惜冒著國家被毀滅的風險，支持戰爭。另一個例子是人們在觀看現代奧運賽時——儘管奧運號稱是為了促進和平而舉行——流露的狂熱民族主義情緒。實際上，奧運廣受歡迎這件事本身，就是西方異教信仰的象徵性表現。人們為異教英雄（勝利者和最強者）而喝采，無視於模仿古希臘版本的現代奧運中揉雜了商業與宣傳的成分。在基督教文化中，人們會更感興趣的應該是耶穌受難劇而不是奧運。然而，我們最著名的耶穌受難劇卻是在旅遊勝地「上阿瑪高」[4]演出。

如果這一切都是事實，那麼歐洲人和美國人為何不公開宣布放棄基督教，指出其不合時宜？有各種原因。例如，為了防止人們因缺乏紀律而威脅社會凝聚力，宗教意識形態的存在有其必要。但還有更重要的原因：對那些堅信耶穌是大仁愛者、是自我犧牲的上帝的人來說，他們能把這種信仰透過異化的方式變為一種耶穌代替他們去愛的經驗。於是耶穌就成了偶像，對祂的信仰代替了人們自己去愛的行動。人抱持一種簡單且無意識的公式化觀念：「基督代替我們去愛。我們可以繼續按照古希臘英雄的方式生活，但仍然能夠得到救贖，因為對基督異化了的『信仰』可以代替對基督的效仿。」無須多言，基督教還是個可以用來掩蓋我們的貪欲的廉價幌子。最後，我相信人的內心深處有一種去愛的需要，以至於如果我們的行為像狼，必然會問心有愧。我們所宣稱的對愛的信仰，在某種程度上麻痺了我們，讓我們免於感受到無意識中因完全缺乏愛而產生的痛苦與罪惡感。

「工業時代宗教」

中世紀以後的宗教和哲學發展非常複雜，非本書所能詳述。這種發展的特點可概括為兩種原則之間的鬥爭：一種是表現在各種神學或哲學形式中，基督教的、精神性的傳統；另一種則是偶像崇拜和非人本的異教傳統，它形式多樣，可統稱為「工業主義和技術控制時代的宗教」。

4 譯註：Oberammergau，德國巴伐利亞州的一個小鎮，以每隔十年演出大型耶穌受難劇而聞名。

文藝復興時期的人本主義沿襲中世紀晚期的傳統，是中世紀結束之後「宗教」精神的第一次繁榮。人的尊嚴、人類的統一、普世政治和宗教統一等思想都在其中得以充分表達。十七、十八世紀的啟蒙運動是人本主義的另一次高峰。貝克爾（Carl Becker）在一九三二年指出，啟蒙時期的哲學在相當大的程度上與十三世紀神學家的「宗教態度」一脈相承。他說：「如果我們仔細看一看這種信仰的基礎，會發現啟蒙思想家處處受惠於中世紀的思想而不自知。」啟蒙哲學催生的法國大革命不僅是一場政治革命。正如托克維爾（Tocqueville）所說的，法國大革命是一場「運作方式類似於宗教革命的政治革命。如同伊斯蘭教和新教的革命，它衝破國家和民族的界限，並透過傳教和政治宣傳不斷擴散」。（轉引自貝克爾）

至於十九、二十世紀的基進人本主義，我後面在說明人本主義者如何反抗工業時代的異教精神時還會談到。但作為後面討論的基礎，我們必須先來看看這種與人本主義同時發展起來的異教精神，在今天這個歷史關頭作勢要毀滅我們。

馬丁．路德（Martin Luther）消除了教會的母性元素，為後來「工業時代宗教」的發展奠定了第一塊基石。雖然看起來有點離題，我還是想花一些時間在這個問題上，因為它對幫助我們理解新宗教和新社會性格的發展非常重要。

社會的組織中心原則只有兩種：父親中心原則（父權制）或母親中心原則。就像巴霍芬（J. J. Bachofen）和摩根（L. H. Morgan）率先顯示的，母親中心原則以慈愛母親的角色為核心。母愛是無條件的愛：母親之所以愛子女，不是因為子女討她歡喜，而是因為他們是她的（甚至是其他女性的）孩子。因此，孩子不會因為聽話而贏得母愛，也不會因為不聽話而失去母愛。母愛是慈愛與憐憫。（在希伯來語中，慈愛與憐憫〔rachamim〕的詞根是「子宮」〔rechem〕。）

與此相反，父愛是有條件的。能否贏得父愛要看孩子的表現和是否聽話。父親偏愛與其最相似的孩子，會希望由這個孩子繼承遺產。一個人可能失去父愛，但也可以透過悔過和再次順服而重獲父愛。父愛就是公正的。

這兩條原則，「女性—母親」原則與「男性—父親」原則，不僅對應著每個人的男性和女性面向，還對應著每個男女都需要的恩惠和公正。人類最深層的渴望似乎是兩極的合一（「兩極」包括母愛和父愛、女性和男性、慈惠和公正、感情和思維、本性和理智），在這種融合的狀態下，兩極不再具有對抗性，並且相輔相成。

雖然這種融合在父權制社會中無法完全達到，但它某種程度上存在於羅馬天主教會裡。一方面，聖母、教會和教宗像是慈愛的母親，代表著慈母般、無條件、包容一切的愛；另一方面，羅馬教會又有嚴格的父權制成分，由以教宗為首的階級體系主掌一切。

與宗教中母親成分相呼應的，是在生產過程中人與自然界的關係。例如農夫的耕作和工匠的勞作都不是對自然界的敵對性掠奪和侵略，他們與自然界合作而不是踐踏自然，遵從自然界的內在規律去改造自然。

路德在北歐建立了純父權形式的基督教，其社會基礎是城市中產階級和世俗統治者。這種新社會性格本質上是對父權制權威的屈從。為了獲得愛和認可，唯一的辦法就是作功（work）[5]。

在基督教門面的後方崛起一種新的隱祕宗教，即「工業時代宗教」，它扎根於現代社會的性格結構，但並未被視為一種宗教。「工業時代宗教」與真正的基督教完全不相容。它讓人淪落為經濟的奴僕和自己一手打造的機器的奴僕。

工業時代宗教建立在一種新的社會性格上。這種社會性格的核心包括恐懼和屈服於強大的男性權威，養成一種會因不服從而起的罪惡感，以及任由自私自利和互相敵視破壞人與人之間的團結與羈絆。儘管工業時代宗教在其整體原則的極限內，促進了個人主義和自由的發展，但被這種宗教視為「神聖」的，是勞動、財產、利潤和權力。透過將基督教轉化為一種純父權制的宗教，工業時代宗教得以繼續使用基督教的語彙表達自己。

「行銷型性格」和「自動化時代宗教」

想要理解當代人類社會的性格及其隱祕的宗教，最需要知道的是，在資本主義早期到二十世紀後半葉之間，社會性格發生了重大的變化。「專制型—強迫型—囤積型性格」（authoritarian-obessive-hoarding character）形成於十六世紀，直至十九世紀末期都至少是中產階級的主導性格結構，之後逐漸與「行銷型性格」（marketing character）融合或被其取代。（拙著《自我的追尋》對不同性格取向的融合有

5 譯註：這裡的作功似乎是指「作善功」（good work），即做好事。

所描述。）

我把這種現象稱為「行銷型性格」，因為其基礎是人把自己當成商品，把自身的價值定位為「交換價值」而不是「使用價值」。人類成了「個性市場」（personality market）上的商品。個性市場和商品市場的估價原則是一樣的，只不過在前者待價而沽的是人，在後者是商品。在這兩種情況下，價值就是交換價值，而「使用價值」只是必要條件而非充分條件。

作為成功的先決條件，技術能力與人的素質，和其個性之間的比例在不同的領域會有不同，但發揮決定性作用的總是個性因素。一個人能否成功，主要還是看他在市場上「好賣」還是「不好賣」，是否能推銷自己的個性，看他的「包裝」是否有吸引力；他們是否「開朗」、「健康」、「有衝勁」、「可靠」、「有野心」；再來還有他們的家庭背景，他們是哪家俱樂部的成員，和他們是否認識「對」的人。在某種程度上，哪種個性類型更受歡迎，要看一個人選擇的職業領域。股票經紀人、推銷員、祕書、鐵路行政主管、大學教授和飯店經理必須提供各不相同的個性，但不管他們的差別有多大，都必須滿足同一個條件：為市場所需要。

一個人對待自己的態度也受到這種狀況的影響，因為只具備完成某項工作的本事是不夠的，為了獲得成功，他必須在與他人的競爭中成功推銷自己的個性。若只是運用自己的知識和技能便足以謀生，那麼一個人的自尊將與他的能力成正比，也就是與他的使用價值成正比。但成功在很大程度上取決於一個人怎樣銷售自己的個性，於是他把自己視為一種商品，更確切地說是既自視為銷售者，又自視為待售的商品。一個人關心的不是自身的生活和幸福，而是自己的銷路。

行銷型性格的目標是完全的適應，以便在個性市場的所有狀況下都能成為搶手貨。這種性格的人甚至不像十九世紀的人那樣，擁有屬於自己的不變自我（ego），因為他根據一條原則不斷地改變自我：「你想要我怎樣，我便怎樣。」

行銷型性格結構的人沒有目標，但求不斷地運轉，以最高的效率工作。若被問到他們為什麼要如此快速地運轉，為什麼要用最高的效率工作，他們將無法說出真正的理由，只能提出一些合理化托辭，例如「為了創造更多的就業機會」，或「為了讓公司保持成長」。他們對哲學和宗教問題不感興趣（至少在意識層面是如此），例如不會想知道人為什麼要活著，或者為什麼是往這個方向走而不是往那個方向走。他們有巨大且不斷變化著的自我（egos），但沒有真正的自己（self），沒有核心，沒有身分感。現代社會的「身分危機」說到底是肇因於其成員都成為沒有自己（selfless）的工具，身分衍生自任職的大公司或其他龐大機構，正如原始人類的身分是衍生自所屬的氏族。

行銷型性格的人既不會愛也不會恨。這些「老式」的情感與完全理智和避免一切善惡感受的性格結構格格不入，因為它們阻礙了行銷型性格的主要目標：銷售和交換。更確切地說是阻礙了這些身為「巨型機器」（megamachine）一分子的人按照機器的邏輯運作。這些人除了關心自己在這個機器中是否運作良好（由他們在等級制度中的推進情形顯示），不會問任何問題。

行銷型性格的人無論與自己還是他人都沒有多深刻的情感羈絆，於是總是一副不在乎的樣子，這並不是因為他自私自利，而是因為他與別人和自己的關係都很淡薄。這也許能夠解釋，為什麼儘管他們知道核子技術和生態平衡的破壞會帶來災難性後果，卻仍然無動於衷。他們對自身所面臨的危險毫無畏懼，看似表現出勇敢和無私，但他們對後代子孫的處境也是無所謂的態度排除了這樣的解釋。他們在這一切層面上表現出來的漠不關心源於他們喪失了情感連結，哪怕是對與他們「最親近的人」也是如此。事實上，行銷型性格的人與誰都不親近，包括與他們自己。

令人費解的現象是，現在的人雖然熱愛購買和消費，但他們對自己購得的物品卻沒什麼感情。為什麼會這樣？對這個問題最重要的解答可以從行銷型性格中尋找。由於具有這種性格的人缺乏情感牽繫，所以他對物品也抱著一種無所謂的態度。他在意的是物品給他帶來的虛榮和舒適，而物品本身無關緊要。物品完全是消耗品，朋友與情人亦然，因為他不具有與這些人事物的深厚連結。

行銷型人格的目標是在現有環境中「正常運作」，這使得他們主要以大腦為主導的理性來回應世界。理性，特別是作為理解能力，是人類獨有的特質，反觀用於達到實際目標的操縱性智力（manipulative intelligence）則為動物和人類共同擁有的能力。不帶有理性的操縱性智力是危險的，因為它可能會讓人走上自我毀滅的道路。事實上，不受控制的操縱性智力越出色，它的危險性也越大。

達爾文這樣了不起的科學家即曾指出，純科學、異化的智力可能會帶來悲劇性後果。他在自傳中自述，三十歲以前，他對音樂、詩和繪畫藝術一直興趣濃厚，但後來多年，他變得對這些東西興趣全無。他說：「我的頭腦好像變成了機器，用來把大量的事實碾碎，從而提取出一些普遍性規律……喪失了這些愛好就等於失去了幸福，並可能對智力造成傷害，更可能對道德品質造成損害，因為它削弱了我們本性中的情感部分。」（轉引自E. F. 舒馬赫）

達爾文所描述的變化過程自他的時代起發展得越來越快，以致到最後，理性與情感幾乎完全分離了。特別值得注意的是，在最具挑戰性和革命性的科學領域（如理論物理學），頂尖的研究者並沒有出現理性的退化，而且他們都深切關注哲學和宗教問題。這樣的科學家包括愛因斯坦、波耳（N. Bohr）、西拉德（L. Szilard）、海森堡（W. Heisenberg）和薛丁格（E. Schrödinger）等。

隨著以大腦主導的理性和操控性思維占據了主要地位，人的情感生活逐漸萎縮。因為不被社會需要或培植，而且甚至會阻礙社會的最佳運轉，情感生活遭到扼殺，不被容許有超出兒童程度的發展。因此，行銷型性格的人在情感問題上格外幼稚。他們常常被「情感豐富的人」所吸引，但由於自身的幼稚，他們無法判斷這些人究竟是真誠的還是偽裝的。這或許解釋了何以在精神和宗教的領域，有那麼多騙子能夠成功。也或許同樣解釋了何以表現出強烈情感的政治家對行銷型性格的人有著強烈吸引力，以及何以這種性格的人無法辨別哪些人有著真正信仰，而哪些人只是公關公司的產物。

「行銷型性格」並不是描述這類人的唯一詞語。我們也可以用馬克思的概念將之稱為異化性格（alienated character），因為這類型的人疏遠於他們的工作、他們自身、其他人和自然界。從精神醫學的角度來看，行銷型性格可以被稱為思覺失調性格（schizoid character）。但這個詞語可能會有一點點誤導，因為一個思覺失調的人可以和其他思覺失調的人一起生活，卓有成效地工作並獲得成功，由於他的思覺失調性格，他完全不會感受到在較「正常」環境中，思覺失調性格者通常會感到的不自在。

在對本書手稿進行最終修訂時，我讀到了麥科比（Michael Maccoby）即將出版的《運籌學家：新的企業領袖》（*The Gamesmen: The New Corporate Leaders*）的手稿。在這本書裡，他對美國經營狀況最佳公司中的兩家進行調查，深入研究了兩百五十名行政主管、經理和工程師的性格結構。書中的許多發現都印證了我所描述的自動化時代人格特徵，特別是頭腦過度發達而情感發育不足的特點。有鑑於麥科比所描述的行政主管和經理已經是、或者將會是美國社會的領導人物，他的發現具有重大社會意義。

以下的數據來自麥科比對每個被研究者所做的三至二十次面談，清晰勾勒出行銷型性格類型的圖像[6]：

對理解事物有濃厚的科學興趣，對工作有動態意識，生氣勃勃	0%
有重心、有活力、有工匠精神，但對事物的性質缺乏較深的科學興趣	22%
工作本身會刺激起興趣，但興趣不是自發的	58%
中等生產力，缺乏重心。對工作的興趣是工具性，為了確保安全和收入	18%
被動而生產力低、精神渙散	2%
排斥工作和現實世界	0%
	100%

其中有兩點最值得注意：一、被研究者全都對理解（理性）缺乏濃厚興趣；二、在大多數人之中，要麼工作激勵不是自發的，要麼工作本質上只是確保經濟安全的方法。

與此南轅北轍的是麥科比所謂的「愛的量尺」所描繪的畫面：

充滿愛，對生活樂觀肯定，具創造性的激勵性	0%
有責任感，內心溫暖，關愛他人，但愛得不深刻	5%
對他人的興趣一般，有較多去愛的可能性	40%
隨俗地關心他人，正派，角色取向	41%
消極被動、內心沒有愛，對他人不感興趣	13%
排斥生活，鐵石心腸	1%
	100%

---

6 獲准轉載。Ignacio Millan, *The Character of Mexican Executives* 有一項類似的研究，即將出版。

儘管被研究者中有百分之五的人「內心溫暖，關愛他人」，但沒有一個可稱得上愛得深刻。其餘的人分別被歸類為對他人的興趣一般、隨俗地關心他人、內心沒有愛和全然地排斥生活。這確實是一幅理性與情感形成巨大反差的鮮明圖像。

行銷型性格所信奉的「自動化時代宗教」與這種性格的整體結構相符合。隱藏在不可知論[7]和基督教門面之後的，是徹底的異教信仰，儘管人並沒有自覺到這一點。要描述這種異教信仰很困難，因為它只能根據人所做和不做的事推斷出來，不是以人對宗教的想法或教會的教條為依據。這種宗教最明顯的特點是人把自己變成上帝，因為人已經獲得了「第二次創造」世界的技術能力，能取代傳統宗教中上帝的首次創造世界。我們也可以這樣表述：我們把機器奉為神明，並透過服務機器變得近似上帝。選擇何種表述方式並不重要，重要的是，人在完全無能的狀態中想像自己憑藉科技而變得無所不能。

自動化時代宗教的這個層面理應對應於較充滿希望的發展時期。但當我們日益陷入孤立的狀態，對世界缺乏情感反應，同時日益感到災難性的結局無法避免，這種新宗教的危害也就越發嚴重。我們不再是技術的主人，反而成為其奴隸。技術曾經是創造力的關鍵因素，現在卻顯露出另一副嘴臉，成為印度教女神時母（Kali）般的毀滅之神，是人心甘情願拿自己和後代來獻祭。自動化時代的人在意識層面不放棄對更美好的未來懷抱希望，壓抑他們已經成為毀滅女神膜拜者的事實。

許多事實都可以證明這個論點，但其中兩項事實最為有力：一、大國（乃至一些較小的國家）繼續製造毀滅力量越來越強的核子武器，無法就唯一明智的解決方案——即銷毀所有核武——達成一致意見；二、幾乎沒為解除生態危機做任何事。簡而言之，人們沒有做任何實質性的工作以確保人類能夠存活下去。

人本主義的抗議

社會性格的非人化，還有「工業時代宗教」的興起，導致一項抗議運動和一種

7 譯註：認為人無法得知是否有上帝存在的主張，與無神論不同（無神論完全否定上帝存在）。

新人本主義的出現，它們跟中世紀晚期至啟蒙時代的基督教人本主義與哲學人本主義一脈相承。這個抗議除了有基督教的聲音，也有泛神論或無神論的聲音，來自截然相反的兩方：一方是政治上保守的浪漫主義者，另一方是馬克思主義者和其他社會主義者（還有一些無政府主義者）。無論右派還是左派都批判了工業制度及其對人造成的危害。在表述這一類問題時，如巴德爾（Franz von Baader）等天主教思想家，和迪斯雷利（Benjamin Disraeli）等保守派政治家使用的方式幾乎與馬克思一樣。

關於如何解救人類使其免於物化的危險，這兩大派別持不同意見。右翼的浪漫主義者認為，唯一的出路在於遏制脫韁發展的工業「進步」，恢復到以往的社會秩序（當然是經過一定修正的）。

左翼的抗議可以被稱為基進的人本主義，儘管它時而採用有神論的表述方式，又時而採用無神論的表述方式。社會主義者認為，經濟的發展是不可阻擋的，我們不可能回到過去的社會形態，唯一的救贖之路是向前走，去開創一個新的社會，把人從異化、被機器奴役和被非人化的命運中解救出來。社會主義既繼承了中世紀的宗教傳統，又繼承了後文藝復興的科學思維和政治行動的精神。它與佛教相仿，是一種「宗教性」的群眾運動，雖然使用的是世俗和無神論的語彙，但目標也是把人從自私和貪婪中解放出來。

至少簡短地解釋一下我所理解的馬克思思想是很有必要的，因為蘇聯共產主義和改良派西方社會主義，已經將它扭曲為一種致力為每個人爭取財富的物質主義。正如科恩（Herman Cohen）、布洛赫（Ernst Bloch）和其他學者在過去幾十年所言，社會主義是彌賽亞主義（Messianism）的世俗化表述方式。[8]證明這項論點的最佳方法，大概莫過於引用邁蒙尼德[9]在《律法書》（*Code*）中對彌賽亞時代的描述：

> 智者和先知所嚮往的彌賽亞時代，不是讓以色列人主宰世界或是統治異教徒，高高凌駕於其他民族之上，也不是為了吃吃喝喝，尋歡作樂。他們的願景

8 譯註：指兩者都是追求一個大同世界。

是，以色列人可以自由地投身於鑽研律法及增進其智慧，不受壓迫和打擾，從而配得上在即將來臨的世界生活。

那時將沒有飢餓與戰爭，也沒有妒忌和爭奪。大地上，物產[10]豐富，舒適的生活人人可得。全世界的人都只關心一件事，那就是認識上帝。因此，以色列人將會成為極有智慧的人，能認識那些現在隱藏著的事物，他們將以人類心智的極限去理解造物主。正如《聖經》上所說的：「因為認識耶和華的知識要充滿遍地，好像水充滿洋海一般。」（《以賽亞書》11：9）」

這樣的描述告訴我們，歷史的目的是讓人類能夠全然投身於追求智慧和認識上帝，不是追求權力和奢侈的生活。在彌賽亞時代，世界一片和平、沒有嫉妒、物質富足。這種描述與馬克思對人生目的的理解十分相似，他在《資本論》第三卷的近結尾處寫道：

只有當我們超越因生存需求或外在功用而勞動的狀態後，自由的境界才得以展現。從事物的本質來看，它超越了物質生產在嚴格意義上的範疇。像野蠻人為了滿足自己的需要，為了維持生命和繁衍後代，必須與自然進行鬥爭一樣，文明人也必須這樣做——而且在一切社會形態中，在一切可能的生產方式中，他都必須這樣做。隨著人類的發展，生存需求的領域持續擴大，因為人類的需求也隨之增長；但是，滿足這種需要的生產力同時也會擴大。這個領域的自由，只能靠這樣的事實：社會化的人與聯合起來的生產者，理性地調節他們與自然的交流，將自然置於他們的共同控制之下，而不是像被某種盲目的權力一樣被大自然所統治；他們以最小的力量完成任務，並在最符合人性需求且最能展現人性價值的條件下完成任務。然而，生存需求這個領域始終屬於必要的領域。超越必要領域，以自身為目標的人類力量的發展，即真正的自由境界。

9 譯註：Maimonides，中世紀首屈一指的猶太哲學家。

10 物產（goods），我的翻譯來自於希伯來文原文，不同於耶魯大學出版社出版的赫施曼（Hershman）翻譯版本中的「祝福」（blessings）

然而，自由境界只能以生存需求為基礎而繁榮發展。縮短工作日是實現這一自由的基本前提。

不同於基督教和其他猶太人的救贖學說，馬克思就像邁蒙尼德一樣，並沒有提出一個末世論式的最終解決方案。人與自然界的矛盾依然存在：雖然人類盡可能地控制住了生存需求的必然領域，「但是，這始終屬於必然的領域。」目標是「那種以自身為目標的人類力量的發展，即真正的自由境界」。邁穆尼德斯認為「全世界的人都只關心一件事，那就是認識上帝」。而這就是馬克思所說的「以自身為目標的人類力量的發展」。

重擁有和重存在這兩種生命樣態，是馬克思的新人類誕生思想的核心。透過探討這兩種生命樣態，馬克思從經濟範疇轉向心理學和人類學範疇，而正如我們在對《新約》、《舊約》和愛克哈特的討論中所看到，這兩個範疇根本上還是「宗教的」。馬克思寫道：「私有制使我們變得如此愚蠢和片面，導致我們要把一個物體視為自己的，就必須擁有它，使它作為資本而存在，或直接吃、喝、穿、住它，簡言之就是以某種方式利用它……於是，所有的身體感官和思維能力都被簡化為一種單純的異化形式——即「擁有」的感覺。人必須降低至絕對的貧窮狀態，才能孕育出他內在的豐富。[11]（關於擁有的範疇，見文集《二十一印張》（*Einundzwanzig Bogen*）中赫斯（Hess）的論文。）」

馬克思用一句話概括了存在和擁有這兩個概念：「你的存在越微弱，你的生命表達越稀少，你就擁有得越多，你的生命也就異化得越厲害……經濟學家從你那裡拿走的所有生命和人性，他都會以貨幣和財富的形式補償給你。」

馬克思這裡所說的「擁有的感覺」，也就是愛克哈特所說的「自囿」，即對物和自我的貪戀。馬克思這裡指的是重擁有生命樣態，而不是指擁有財富本身，也不是指未被異化的私有財產本身。他的目標既不是財富和奢侈，也不是貧窮。事實上，奢侈與貧窮兩者在馬克思眼中都是惡。而絕對的貧窮則是孕育內在財富的條

---

11 這裡和下面的引文都是來自馬克思的《一八四四年經濟學哲學手稿》，其英文翻譯可以在我的《馬克思的人的概念》（*Marx's Concept of Man*, 1961）一書中找到。

件。

要如何催生出內在的財富呢？那就要求我們的感官對接觸的對象做出積極的、非異化的表達。馬克思繼續寫道：「人與世界的一切人的關係——包括看、聽、嗅、嚐、觸、想、觀察、感受、渴望、行為、愛，簡言之是組成他的個體性的所有感官活動——都是透過『自身與對象的互動』來『占有』對象，『占有』人類的真實體驗」。這種占有是在重存在樣態下的，而不是在重擁有樣態下的。馬克思談到這種非異化的活動形式時說：

如果人就是人，如果人與世界的關係是一種充滿人性的關係，那麼你只能用愛去回應愛，用信任去回應信任……如果你想欣賞藝術，你必須是一個有藝術修養的人；如果你想影響他人，你必須是一個能刺激和鼓舞他人的人。你與他人、與自然的每一種關係，都必須是你真實個體生活的具體表現，並且與你的意志目標相契合。如果你在愛別人卻沒有喚起對方的愛，也就是說，如果你把自己展現為一個正在愛的人，卻無法讓自己變成一個被愛的人，那麼你的愛情是軟弱無力的，是一種不幸。

但馬克思的思想很快就被扭曲了，大概是因為他早生了一百年。他和恩格斯都堅信，資本主義已經發展到了窮途末路，因此革命近在眉睫。但就像恩格斯在馬克思死後所說，他們徹底地錯了。他們在資本主義發展的巔峰時期提出嶄新的理論，未能預見到距離資本主義的衰敗和最終危機還需要一百多年。在資本主義高峰時期提出的反資本主義思想會被弄得面目全非，誠屬歷史的必然，因為只有按照資本主義的精神將其改造才能取得成功。實際的發展正是如此。

西方的社會民主黨人和他們的死敵——蘇聯境內境外的共產主義者——把社會主義變成純粹的經濟概念，稱其目標是極大化消費和使用機器。赫魯雪夫的「肉湯共產主義」（goulash communism）概念以簡單親民的方式道出了真諦：社會主義的目標，是讓全民都享受到在資本主義社會裡只有少數人能享受的消費樂趣。社會主義和共產主義被置於中產階級的物質主義基礎之上。馬克思早期著作的某些語句被反覆且儀式性地引用，就像《福音書》之於西方國家。（不過整體來說，這些早期著作通常被貶低為年輕馬克思的「理想主義」的錯誤。）

馬克思生活在資本主義的高峰時期還有另一個影響：作為時代的產物，馬克思難免不自覺地接受了當時中產階級的思想與其實踐的態度和概念。例如他性格和著作中的某些權威主義傾向，與其說是受社會主義思想的影響，不如說是受中產階級父權思想的影響。他提出「科學社會主義」與「空想（utopian）社會主義」的對立，也是遵循古典經濟學家的思維模式。一如古典經濟學家宣稱，經濟發展有其自身規律，不以人的意志為轉移，馬克思也想證明社會主義必然按照經濟規律發展。因此，他有時候會使用一些表述，這些表述可能會被誤解為決定論，因為這些表述沒有充分重視人的意志和想像力在歷史進程中的作用。馬克思無意間向資本主義精神的讓步，助長其理論體系被扭曲的過程，變得與資本主義不具有根本的區別。

如果馬克思在資本主義開始加速走向沒落的今天提出他的思想，那麼他真正的訊息便有機會發揮影響力，甚至取得勝利。當然這只是一種歷史性的推測。然而，現實的情況卻是，就連「社會主義」和「共產主義」這些詞都已經被污名化。無論如何，每一個聲稱能夠代表馬克思思想的社會主義和共產主義政黨都必須堅信：蘇聯在任何意義下都不是社會主義體制；社會主義與一個以物為中心、以消費為導向的官僚主義社會系統互不相容；社會主義與物質主義和理智至上主義也不相容（後兩者同時是蘇聯和資本主義體制的特徵）。

社會主義的腐敗變質，解釋了為何真正的基進人本主義思想往往來自那些不認同甚至反對馬克思思想的群體和個人，而且這些人有的還曾經是共產主義運動的積極成員。

這裡不可能一一列舉後馬克思時代的所有基進人本主義者，但下面我將對他們的思想舉例說明。儘管這些基進人本主義者的思想體系大不相同，有時甚至互相矛盾，但他們都持有以下觀念和態度：

- 生產必須服務於人的真正需要，而不是服務於經濟體系的需要。
- 必須在人與自然之間建立新的關係——一種合作而非剝削的關係。
- 必須用團結來取代相互敵對。
- 一切社會組織的目標是促進人的幸福和避免人的苦痛。

- 應該追求有助於幸福的明智消費，而不是極大化的消費。
- 鼓勵個人積極主動而非消極被動地參與社會生活。12

史懷哲的思想有著基進的前提，那就是西方文化的危機即將來臨。他說：

> 顯而易見，我們正處於文化自毀的過程當中。我們僅存的文化也不再牢靠。它之所以尚能維持，是因為還沒有暴露在毀滅性的壓力之下，不像其餘的部分已經被壓垮。但它危如累卵，再有一次崩塌就會毀滅殆盡……現代人的文化能力被削弱，因為他所處的環境削弱了他，損害了他的心靈。13

史懷哲認為工業時代的人「不自由……精神渙散……不完整……有喪失人性的危險」。他繼續說：

> 社會形成自己的一套組織，對人施加一種至今未知的力量，使得人對社會

極度依賴，幾乎喪失了精神上的獨立性……就這樣，我們進入一個新的中世紀。在普遍意志的作用下，思想自由已不復存在，因為很多人放棄以自由個體的身分思考，而以他們所屬的集體為指導原則……我們犧牲了思考的獨立性，也就必然喪失對真理的信念。我們的理智和情感生活混亂不堪。公共事務的過度組織化發展到頂點時，就是組織的無思想化。

在史懷哲看來，工業社會不僅缺少自由，還存在「努力過度」（overeffort）的問題。「兩、三個世紀以來，很多個體活著的狀態僅僅是勞動者，而非人。」人的本質萎縮了，由這樣的父母去教育子女，下一代人的人格發展就必然會缺少關鍵的因素。「成年後，一個人不得不超負荷地工作，他日益需要膚淺的消遣……絕對的

12 社會主義人本主義者的觀點請參閱佛洛姆主編的《社會主義的人本主義》（*Socialist Humanism*）。

13 此處和下面的引文均來自史懷哲的《文化衰落的哲學責任》（*Die Schuld der Philosophie an dem Niedergang der Kultur*），此書撰於一九〇〇年至一九一七年，於一九二三年首次出版。

消極被動、轉移對自身的注意和忘掉自己，這些都成為他的身體需要。」因此，史懷哲呼籲縮短勞動時間，反對過度消費和奢侈。

新教神學家史懷哲，就像多明我會的修士愛克哈特一樣，強調人不應在精神上故步自封，不問世事；相反的，人應該過一種積極主動的生活，為促進社會的精神層次完善而努力。「如果在現代人中，只有極少數的人能保持人性和道德情感的完整，這很大程度上是因為他們經常在祖國的祭壇上（國家的利益）犧牲個人的道德，而不是與群體保持積極的互動，並幫助群體獲得改進自身的力量。」

他總結道，當前的文化和社會結構正奔向一場災難，除非出現「比文藝復興更為偉大的復興」。我們必須以新的信念和態度改造自己，否則我們將走向滅亡。「這項復興的關鍵是積極性原則，我們透過理性思考把握這項原則，它是人類創造的歷史發展過程中唯一理性和符合實際的原則……我堅信，如果我們決心成為能深刻思考的人，革命就會發生。」

極可能因為史懷哲是神學家，而且最為人熟知的是他以「敬畏生命」這個概念作為倫理的基礎，因此人們往往忽視了他是工業社會最激烈的批評者之一，致力於拆穿工業社會進步和普遍幸福的神話。他認知到工業化生活的實踐導致人類社會和世界的衰落。早在二十世紀初，他就看出人的軟弱和依賴性，看出強迫性工作的破壞作用，以及看出減少工作和消費的必要性。他主張必須復興以團結精神和對生命的敬畏為核心的集體生活。

關於史懷哲的思想，還有必須說明的一點是，與基督教的形而上樂觀主義不同，他是一位形而上懷疑主義者。這也是他對佛教思想有著強烈興趣的原因之一。按照佛教思想，生命的意義並不是由一個至高無上的力量所賦予和保證。史懷哲得出結論說：「如果就世界原來的樣子看世界，就不可能賦予世界以某種意義，從而使個人和全人類的追求和目標合理化。」唯一有意義的生活方式就是積極地投入這個世界。這裡的積極不是籠統意義下的積極，而是專指不吝付出和關愛他人。史懷哲透過他的著作以及在生活中的身體力行來回應我們。

佛陀、愛克哈特、馬克思和史懷哲的思想有著明顯的共通之處：他們都基進地要求人們放棄重擁有的取向，他們都堅持人要完全獨立，他們都持形而上的懷疑主義，他們都有著無神的宗教情懷[14]，他們也都要求人本著關愛和團結的精神積極參與社會生活。然而，這些導師有時並未意識到這些元素。例如，愛克哈特意識不到自己的非有神論（nontheism），而馬克思沒有意識到自己的宗教情懷。對這些問題進行闡釋是一件非常複雜的事，對愛克哈特和馬克思來說尤其如此。本書無法對這種宣揚積極關愛他人的非有神論宗教進行充分的說明，但正是這種宗教使得這些導師開創出一種適合新人類需要的新宗教情懷。我將為本書寫一部續集來分析這些導師的思想。

有些作者雖然稱不上是基進的人本主義者（因為他們沒有擺脫我們這個時代的超個人、機械論的態度），但他們也認識到為避免一場經濟災難的到來，從根本上改變人的心態是唯一選項。像受「羅馬俱樂部」委託製作兩份報告的作者便是如此。薩羅維奇和佩斯特爾要求一種「新的世界意識……一套在使用物質資源時的新倫理……一種以和諧而非征服為基礎的對待大自然的新態度……以及對未來世代的認同感……在地球人類史上頭一遭，人被要求不要去做他所能做到的一切；要限制經濟和技術的發展，或至少改變現今的發展方向；被未來世代要求去與不幸的人分享財富——不是出於慈善精神，而是出於必須。人還被要求關注整個世界體系的有機成長。每個有良心的人難道會說不嗎？」兩位作者的結論是：如果不做出這些根本上的改變，「人類註定滅亡。」

他們的研究存在一些缺失。在我看來最明顯的缺失，就是沒有考慮阻礙變革的政治、社會和心理因素。僅指出必須進行哪些變革是沒用的，還應該認真考慮這些建議會遇到的實際阻礙。（但願「羅馬俱樂部」能著手應付社會和政治變革遇到的難題，因為它們是實現整體目標的前提。）但不管怎麼說，這些研究者首次提出了全球視角下的經濟需要和資源問題，而且就像我在導言部分所述的，他們首次提出要改變人的倫理觀念，不是依據倫理道德信念，而是依據理性的經濟分析。

過去幾年，大量在美國和德國出版的書籍都提出同樣的要求：必須讓經濟服從於人的需要：首先是服從於我們生存的需要，然後是服從於我們幸福的需要。（我讀了大約三十五本這類書籍，但書店裡這類書種至少是這個數目的兩倍。）絕

14 史懷哲在寫給雅可比（E. R. Jacobi）的信中說：「即使沒有一個統治世界的人物，愛的宗教也能存在。」（*Divine Light*, 2, No. 1[1967].）

大多數研究者都認為：消費的不斷增加並不一定意謂著幸福的增加；必要的社會變革必須伴隨著性格和精神的轉變；如果我們繼續浪費自然資源和破壞人類賴以生存的生態環境，那用不了一百年，災難就會到來。接下來，我簡要地介紹幾位這種新的人本主義經濟學的傑出代表人物。

經濟學家舒馬赫在其《小即是好》（*Small Is Beautiful*）一書中指出，我們的失敗是我們的成功造成的，而我們的技術必須服從於人的真正需求。他寫道：

> 把經濟當作生活的內容是致命的疾病，因為無限的增長不適用於有限的世界。經濟不應成為生活的內容：人類所有的偉大導師都是這樣說的，而且如今也被證明了。如果想進一步描述這種致命的疾病，那麼可以說，這種疾病就像酗酒和吸毒那樣會上癮。重點不在這種癮是透過利己主義還是利他主義表現出來，也不在這種癮是透過低級的物質享受來滿足，還是透過較高級的藝術、文化和科學追求來滿足。無論是否包裹上了銀紙，毒品就是毒品……如果忽視了精神文化，即人類內心生活的文化，那麼自私自利就會成為主導人的力量，而

像資本主義這樣自私自利的體系就會比一個愛人類同胞的社會體系更適合這種取向。

為了將他的原則變為現實，舒馬赫設計出適用於非工業化國家的小機器的構想。特別要指出的是，他的書一年比一年暢銷，但不是靠廣告宣傳攻勢，而是靠讀者的口耳相傳。

保羅・埃利希（Paul Ehrlich）和安妮・埃利希（Anne Ehrlich）是美國作者，他們的思想與舒馬赫很相似。在著作《人口、資源、環境：人類生態問題》（*Population, Resources, Environment: Issues in Human Ecology*）中，他們對「當前的世界形勢」得出以下結論：

一、根據當前的技術水準和行為模式，我們這個星球如今人口嚴重過剩。

二、解決人類問題的主要障礙在於龐大的絕對人口數和人口增長率。

三、人類利用傳統方式生產食物的能力已經非常接近極限。食品的供給和分配難題已經導致全世界約半數人口吃不飽或營養不良，每年約一至兩千萬人死於飢餓。

四、試圖進一步提高糧食產量將加速環境惡化，而這最終又會削弱土地出產糧食的能力。對環境的毀壞是否已經到了無法逆轉的程度，現在尚不清楚：有可能我們這個星球維持人類生存的能力已經受到永久的損害。造成環境惡化的主要原因是科技上的「光輝成就」，如汽車、殺蟲劑和無機氮肥的發明和使用。

五、有理由相信，人口的增長會增加致命的瘟疫在全球蔓延和熱核子戰爭（thermonuclear war）爆發的幾率。兩者都能以提高死亡率的方式來「解決」人口問題，兩者都有摧毀人類文明甚至滅絕人類的潛在可能。

六、對於人口、食物和環境的綜合危機，沒有技術上的靈丹妙藥能夠解決這些複雜的問題。但在諸如緩解環境汙染、通訊和節育等領域，善用技術會為我們解決問題提供重大的支持。基本的解決辦法在於迅速從根本上改變人的態度，特別是對生育、經濟增長、科技、環境與如何解決衝突問題上的態度。

埃普勒（E. Eppler）的《終結還是轉變》（*End or Change*）是另一本值得一提的著作。埃普勒的觀點與舒馬赫類似，只是沒那麼基進。他的觀點大概會特別讓人感興趣，因為他是西德的巴登—符騰堡邦（Baden-Württemberg）社會民主黨的主席，而且是虔誠的新教徒。我在《健全的社會》和《希望的革命》兩本書裡表達的也是同樣的立場。

在蘇聯集團的國家裡，提倡限制生產是禁忌，然而，這些國家也有一些作家現在開始發聲，主張無增長的經濟模式。在東德，持異議的馬克思主義者哈里希（W. Harich）提出，在全世界建立一種靜態的經濟平衡，既可以保證平等，又可以避免為生態圈造成無法修補的損害。此外，在一九七二年，蘇聯一批傑出的自然科學家、經濟學家和地理學家舉辦了一次以「人與他的環境」（Man and His Environment）為主題的會議。議題包括「羅馬俱樂部」的研究成果：這些成果受到與會者的理解和尊重，雖然不是百分之百認同，但他們指出了其中的重大價值。（有關此次會議，請參閱「參考書目」中的〈技術與政治〉〔Technologie und Politik〕一文。）

當代人類學和歷史學中，對人文主義最重要的表達——這些表達在各種人文主義的社會重建嘗試中具有共通性——可以在芒福德（L. Mumford）的《權力五邊形》（*The Pentagon of Power*）和他之前的所有著作中找到。

第八章

人類變革的條件與新人類的特徵

假定我們的前提正確，也就是只有當人的性格發生根本變化，從重擁有生命樣態轉變為重存在生命樣態，才能使我們免於心理危機和經濟危機，那麼我們就一定會追問：大規模的性格變化是否可能發生？如果可能發生，又要如何引發？

我認為，只要下述條件存在，人的性格就可能發生變化：

一、我們正在受苦，並且能意識到這一點。
二、我們認識到我們的苦痛（ill-being）的根源。
三、我們找到辦法消除我們的苦痛。
四、我們承認，為了消除我們的苦痛，我們必須遵循某些生活準則，並改變現有的生活方式。

這四點對應於佛教的「四聖諦」（苦、集、滅、道）。「四聖諦」是佛陀教誨的基本內容，討論的是人類生命的一般狀況，而非特定的個人或社會環境所引起的苦痛。

佛陀的方法所依循的原則也是馬克思的救贖觀念中人類得救的條件。為了理解這一點，我們有必要知道，正如馬克思自己所說，共產主義不是最終目標，而是解放人類的歷史發展的一步，是要將人從會讓人成為非人的社經和政治條件下解放出來，讓人不再是物質、機器和自身貪念的囚徒。

馬克思採取的第一個步驟：是向當時的工人階級——最異化和最不幸的階級——揭示他們的悲慘狀況。馬克思設法摧毀種種讓工人意識不到自身悲慘狀態的錯覺。馬克思採取的第二個步驟：向工人階級揭示他們的痛苦的根源，指出這是資本主義的性質導致，也是資本主義制度所產生的貪婪和依賴性格所導致。對工人及其他群體受苦原因的分析，也就是對資本主義經濟的分析，構成馬克思著作的要旨。

馬克思採取的第三個步驟：證明假如產生痛苦的條件被消除，痛苦也就隨之消失。而第四個步驟，馬克思則提出一種新的生活方式和社會體系，它能使人擺脫舊制度必然導致的痛苦。

佛洛伊德的治療方法本質上與此類似。患者來找佛洛伊德看病，因為他們正遭受痛苦，並且自己清楚這一點。但他們往往並不知道自己痛苦的根源。精神分析師的首要任務是幫助患者去除對自己痛苦的種種錯覺，並找到他們發病的真正原因。對個人或社會苦痛的性質做出診斷是一種詮釋，不同的人可以有不同的詮釋。病人對自己病因的猜測往往是最不可靠的診斷依據。精神分析過程本質上就是幫助病人認識自身苦痛的原因。

病人一旦了解了自己的病因，就可以推進到下一步：知道只要消除病因，他們的苦痛就能治癒。在佛洛伊德看來，這意謂著擺脫嬰幼兒時期所遭受的某種壓抑。不過，傳統的精神分析似乎認為第四點沒有必要。許多精神分析學家看來都認為，病人只要深刻認識到自己所遭受的壓抑，這種認識本身就能發揮治療的效果。情況確實往往是如此，特別是如果病人經受的是局部性症狀的話（例如歇斯底里或強迫症症狀）。但如果病人經受的是全面性的苦痛，那麼除非他們在依照自己希望的那樣改變性格的同時，也相應改變生活方式，否則他們改變自己的性格就是多此一舉，因為我認為這樣的改變不可能長久。例如，一個人可以沒完沒了地分析自己的依賴性，但如果他們依然生活在獲得這些洞悉之前的狀況之中，他們獲得的一切認識都無濟於事。舉個簡單的例子：如果一個女人的病因在於她對父親的依賴，即使她本人已洞悉到這種依賴的深層原因，但除非她改變自己的生活方式（例如與父親分開，不接受他的恩惠，敢於承擔追求獨立可能帶來的風險和痛苦），否則她的情況不可能發生真正的變化。洞悉如果脫離實踐，是不可能產生任何效果的。

新人類

新社會的功能在於鼓勵新人類的出現，這種新人類的性格結構將表現出以下特徵：

- 願意放棄一切形式的擁有，以達到充分的存在。
- 對自己的存在有信念，堅信自己需要與他人建立連結，需要興趣、愛以及與周圍的世界融為一體，並在此基礎上建立安全感、身分感和自信心，而不是將它們建立在擁有欲、貪欲和控制世界的欲望之上，把自己變成財產的奴隸。

・承認沒有自己以外的任何人或物可賦予生命意義，承認只有這種徹底獨立且不執於物的態度是全身心地積極關愛他人、與他人分享的前提。

・完全存在於當下。

・從給予和分享而不是從囤積和剝削獲得喜樂。

・熱愛並尊重生命的一切形式，了解只有生命和一切促成其成長的事物才是神聖的，而物質和權力都是死的。

・盡一己最大的努力去減低貪婪、仇恨和錯覺。

・能不膜拜偶像和執持錯覺地生活，因為人已經到達不需要錯覺的狀態。

・培養一己的愛的能力，也培養批判和不感情用事的能力。

・拋棄自戀，接受人類生命中固有的侷限性。

・把自己和人類同胞的全面發展奉為生活的最高目標。

・認識到遵守紀律和尊重現實是達到這項目標的必要條件。

・認識到唯有在有機結構中進行的發展，才是健康的發展；同時也需要認識到，有機結構作為生命的特徵，與「秩序」作為無生命或死亡特徵之間存在著本質的差異。

- 培養自己的想像力，但不是為了逃避不堪忍受的環境，而是為了預料事件會真實的可能性，以此作為避開不堪忍受的處境的手段。
- 不欺騙人，也不為人所欺騙：可以被稱為天真無邪，不可被稱為幼稚無知。
- 認識自己，不僅認識自己知道的那個自我，還認識自己所不知道的那個自我——其實人對自己不知道的事物都有一種朦朧的認識。
- 意識到自己與一切生命渾然一體，因而放棄致力於征服、控制、剝削、掠奪和摧殘自然，改為努力去理解自然並與自然合作。
- 自由不是隨心所欲，而是「成為自己」的可能性；自由不是一堆貪欲的組合，而是一個精妙平衡的結構，在任何時刻都面臨著成長與衰敗、生存與死亡之間的取捨。
- 認識到邪惡和破壞性乃是成長停滯的必然後果。
- 認識到只有少數人能夠把所有這些品質發展到完美的境界，但同時不抱有達到這項目標的野心，因為他知道這種野心只是貪念和占有欲的另一種形式。

・在不斷增長活力的過程中獲得幸福，而不管命運允許人走多遠。因為盡所能充實地生活已經能為人帶來無限的滿足感，讓人幾乎不會去關心自己能不能獲得成就。

人如今生活在科技控制、官僚主義控制下的工業社會——無論是「資本主義」社會還是「社會主義」社會。他們該如何做才能打破重擁有生命樣態和擴大存在的領域，不在本書的討論範圍內。事實上，關於這個問題可以另寫一本專著，其恰當書名也許是《存在的藝術》。近年出版了很多談通向幸福之路的書籍，它們有些對人有幫助，但很多都是騙人的，因而是有害的，純粹是利用人們渴望擺脫困境的心理，借此開拓新市場以牟利。本書列出了一些有價值的書籍，對關心如何過得幸福的人可能有幫助，請見參考書目。

第九章

新社會的特徵

一門新的人之科學

建立新社會的第一個要求，是認識這項嘗試必然會面臨的那些幾乎難以克服的困難。人不願花力氣進行必要的改變，主要原因之一，八成就是因為對這些困難只有朦朧的認識。許多人認為：「為什麼要追求不可能實現的目標？不如假裝我們所選擇的路徑，能帶領我們到達地圖上所標示的安全和幸福之地。」那些無意識地感到失望卻戴著樂觀主義面具的人未必是明智的。但那些沒有放棄希望的人只有確實地面對現實、拋棄一切幻想並充分認識到面臨的困難，才有可能獲得成功。這種冷靜象徵著清醒的烏托邦主義者，與做夢的烏托邦主義者之間的區別。

我在這裡僅列舉打造新社會所必須解決的一些困難：

- 必須解決的一項問題，是如何讓工業化生產方式繼續下去，又不致完全中央集權化。即避免最終走上「傳統型的法西斯主義」的道路，或者走上（這是更有可能的）技術官僚掛帥、貌似友好的法西斯主義的道路。

- 必須將整體規劃與高度的反中央集權化結合起來，放棄「自由市場經濟」（這種東西大致上已名存實亡）。
- 必須放棄無止境的增長目標，改為以選擇性增長為目標，以避免經濟危機的風險。
- 必須創造出一種工作環境和整體氣氛，在這種環境中，有效的動機來自於其他心理上的滿足，而非物質利益。
- 必須促進科學進步，同時又要防止這些進步的實際應用危害人類。
- 必須創造條件使人體驗到幸福和喜樂，而不只是盡可能滿足人的享樂欲望。
- 必須提供個人基本的安全感，讓他們不必依賴官僚體系的供養。
- 必須恢復人在生活上而非在商業上，發揮個人主動權的可能性。（不過人在商業上的主動性早就不復存在了。）

就像在技術發展過程中，有些困難似乎難以克服，上面列舉的難題現在看來也難以解決。但技術方面的困難終究還是可以解決的，因為有一門新的科學建立了，它提倡觀察的原則，宣稱認識自然是征服自然的條件（培根《新工具》[Francis Bacon, *Novum Organum*]，一六二〇年）。這門「新科學」從十七世紀起至今，一直吸引著工業國家中最優秀的頭腦，從而實現人類夢寐以求的技術烏托邦。

在大約三百年後的今天，我們需要一種完全不同的新科學。我們需要一門人本主義的「人之科學」（Science of Man），以之作為「社會改造的應用科學和方法」的基礎。

「技術烏托邦」，例如飛行，已被新的自然科學所實現。而想要實現彌賽亞時代的「人類烏托邦」（一個擺脫戰爭和階級鬥爭、生活在團結與和平之中的人類統一體），則我們必須付出與實現「技術烏托邦」同樣多的精力、智力和熱情。就像我們不可能讀了凡爾納[1]的小說就會製造潛水艇，我們也不可能讀了預言家的著作就能建立一個人本主義社會。

自然科學的優先地位是否會讓位給一門新的社會科學，沒有人知道。假如真的發生了，我們或許還有一線生機。不過它能否實現還取決於一個因素：有多少聰穎、有學識、自律、關心他人的男女被人類面臨的這個新挑戰所吸引，並深刻認知到這一次的目的不是控制自然，而是控制技術和非理性的社會力量及制度，因為它們威脅著西方社會乃至全人類的生存。

我堅信我們的未來取決於最優秀的頭腦有鑑於當前的危機而動員起來，全身心地投入人本主義的「人之科學」之中。因為他們若不能齊心協力，就無法解決上面提到的難題，也就無法實現下文所要論述的目標。

有些發展藍圖以諸如「生產工具的社會化」為總目標，結果卻變成社會主義和共產主義的陳腔濫調，主要用來掩蓋社會主義缺乏實質的內容。而「無產階級專政」或「知識菁英」，也和「自由市場經濟」或「自由」國家的概念一樣模糊不清，容易誤導人。從馬克思到列寧，早期的社會主義者和共產主義者並沒有為社會主義或共產主義社會制定一個具體的發展計畫。這是社會主義的重大弱點。

以「重存在樣態」為基礎的新社會形式，必須透過多種設計、模型、研究與實

1 譯註：Jules Verne，法國科幻小說家，著有《環遊世界八十天》、《海底兩萬哩》等書。

驗來探索，縮小在現實需求與理想目標之間的執行差距。這將需要大規模的長期規劃，並配合短期的初步實踐步驟。問題的關鍵在於，從事這些工作的人的意志和人本主義精神。此外，當人能夠看到一個願景，同時認知到透過具體的步驟就能夠一步一步地實現目標時，他們便會深受鼓舞，充滿熱情，不再畏縮不前。

倘若社會的經濟和政治領域要服從於人的發展，那麼決定新社會模型的，必須是沒有異化、以存在為導向的個人所提出的要求。這意謂著人將既不會生活在非人道的赤貧中（這依然是大多數人所面臨的難題），也不會像工業國家的富人那樣被資本主義生產的內在法則強迫成為「消費人」（這些法則要求不斷擴大生產，因而迫使人不停地增加消費）。人類若想最終獲得自由，不再透過病態的消費來維持工業的發展，就必須對經濟體系進行徹底的改革：我們必須結束現狀，不再讓經濟的健康以人的健康為代價。我們的任務是為健康的人打造健康的經濟。

要實現這個目標，第一個關鍵步驟就是使生產為「理智消費」服務。

「生產的目的是使用而非獲取利潤」，這種傳統說法並不充分，因為沒有指定是哪一種使用：是健康的使用？還是病態的使用？在這一點上，最困難的實際問題就出現了：由誰來決定哪些需要是健康的，哪些是致病的？我們可以肯定的是，迫使人民去消費國家當局認為最好的物品是不應該的——即使這些物品真的是最好的。官僚機構對消費的強制限制，只會讓人民對消費更如飢似渴。只有當越來越多的人希望改變他們的消費模式和生活方式時，理智消費才可能出現。也只有當社會為人提供一種比他們已習慣的消費模式更吸引人的消費模式時，人才會希望作出改變。這一切不可能在一夜之間發生，也不可能透過法令來實現。它需要長期的教育過程，政府必須在這方面發揮重要作用。

國家的職能是為健康的消費確立規範，以杜絕病態和隨意的消費。原則上，這些規範是可以確立起來的，美國食品藥物管理局便是一個很好的例子：它根據各個領域科學家的專業意見（通常是經過長期的實驗），來決定哪些食品和藥物是有害的。類似的方法，還有其他商品和服務的價值，也可以透過由心理學家、人類學家、社會學家、哲學家、神學家和各種社會團體，以及消費者團體代表組成的小組來決定。

但是，要斷定什麼對生命有益、什麼對生命有害，需要進行深入的研究，其艱鉅程度遠遠超過食品藥物管理局為解決問題所進行的研究。對需要的性質所進行的基礎研究過去很少人碰觸，現在必須由新的「人之科學」來完成。我們需確定哪些需要源於我們的身體本能；哪些需要是文化發展的產物；哪些是個人成長的表現；哪些是人為的，是由工業社會強加給個人的；哪些需求讓人積極，哪些讓人消極；哪些需要有病態的根源，哪些扎根於健康的心靈。

與食品藥物管理局不同，新人本主義專家小組做出的決定不會強制執行，只會作為指導方針提交給國民進行討論。我們已經從食品健康的問題清楚地意識到，專家的調查結果能幫助人體認到，所謂的「需求」有分「理智的」與「病態的」。人將會明白幾乎所有的消費都會讓人消極被動，追求速度、追求新鮮感的需要，只能透過消費來得到滿足，但速度與新鮮感反映出人心的浮躁和人與內在的疏離。人將會意識到，不停地追求最新款式的物品只不過是人的一種自我保護，為的是避免與自己或別人靠得太近。

政府可以透過補貼來促進有益的商品和服務，直至它們的生產有利可圖為止，如此就能大大推進這種教育過程。與此同時，要開展大規模的教育宣傳，提倡理智消費。可以預料的是，只要各方面共同努力，激發人們理智消費的願望，消費模式是可能被改變的。即使只是避免使用當前工業社會採用的洗腦式宣傳方法（這是不可或缺的條件），我們仍有理由相信，這種努力的效果不會遜色於工商業宣傳的成效。

選擇性消費（和生產）的指導原則是「什麼能促進幸福？」。反對這種消費的一般理由是，消費者在自由市場經濟中購買的正是他們想要的東西，因此沒有進行「選擇性」生產的必要。這項論斷的前提是消費者想要的總是對他們有益的東西，而這前提當然明擺著是錯的（例如毒品甚或一般香菸，對消費者就毫無益處）。這論證顯然忽視了一項重要事實，即消費者的購買意願是由生產商製造出來的。儘管不同品牌互相競爭，但廣告的整體效果仍刺激了消費欲望。所有公司都透過廣告的根本性影響而彼此幫助，顧客只能在那麼幾個互相競爭的品牌之間進行選擇，擁有的選擇權是次級的，是值得懷疑的。力主消費者的意願非常強大的人通常舉的例子，是福特公司推出的「愛澤爾」（Edsel）汽車的滯銷。但「愛澤爾」的行銷失敗改變不了事實：它的廣告宣傳也是對購買汽車的宣傳，因而讓所有品牌的汽車（除了它自己）都從中獲利。此外，工業並非透過生產對人類更健康的商品來影響消費者的品味，而是優先選擇那些對工業利潤更高的產品。

只有當我們徹底限制大企業股東和管理層的權力，使他們不能完全依據利潤和擴張的考量來決定生產，理智消費才有可能成為現實。

這種改革可以透過法律來實現，無須改變西方的民主制度（實際上為了公眾利益，我們已經制定了許多法律來限制財產權）。問題的關鍵是對生產的監管權而不是對資本的所有權。長遠來看，一旦廣告的催眠術消失，消費者的愛好最終會決定商品的生產。現有的企業將不得不改變自己的設備，以滿足新的需要；若辦不到這點的話，政府就必須花費必要的資金來生產人們所想要的新產品和服務。

這些變革都只能在徵得多數人同意的情況下逐步展開。它們象徵著一種嶄新的經濟體系，既不同於如今的資本主義，也不同於蘇聯中央集權的國家資本主義或瑞典全民福利的官僚體系。

很顯然，大企業將從一開始就利用它們巨大的權力來阻止這些變革。只有公民一面倒地支持理智消費，才能粉碎大公司的阻撓。

公民展現消費者力量的有效途徑之一，是掀起一場強硬的消費者運動，以「罷買」為武器進行威脅。例如，假定有兩成美國消費者決定不再購買私人汽車，因為他們認為與便捷的公共交通相比，私人汽車造成經濟上的浪費、毒害環境，以及導致心理上的破壞——它就像是一種毒品，創造出虛假的權力感，助長人的嫉妒心，使人與自己疏離。雖然只有經濟學家能確定這將對汽車工業（當然還有石油公司）造成多大的威脅，但可以肯定的是，一旦這樣的罷購運動發生，以汽車製造業為中心的國家經濟必將陷入困境。當然，沒人希望美國經濟陷入困境，但假如這種威脅能夠煞有介事（比如堅持停用小客車一個月），那麼消費者將擁有一根足以促使整個生產體系發生變化的強力槓桿。

消費者罷購的重大優勢包括：無須政府採取行動；難以抗衡（除非政府採取強硬措施迫使公民購買他們不願意購買的東西）；不需要先徵得百分之五十一的公民同意再讓政府推行措施，因為占人口兩成的少數人就足以有效地促使變化發生。消費者罷購運動可以打破政治路線之間和口號之間的邊界，無論是保守派還是自由派，或「左派」的人本主義者都可以參與其中，因為有共同的動機將他們聯合起來：渴望進行理智和有益的消費。作為結束罷購行動的第一步，基進人本主義消費運動的領袖會與大企業（和政府）進行談判，提出改革要求。他們的方法基本上與為避免或結束工人罷工所用的談判方法相同。

一切的關鍵在於讓消費者意識到：一、他們或多或少都在無意識裡反對消費主義；二、一旦具有人本主義心靈的消費者組織起來，他們將有巨大的潛力。這樣的消費者運動將展現真正的民主：個人能直接表達自己的想法，並設法以一種積極主動和非異化的方式改變社會發展進程，而這一切都是以個人體驗而非政治口號為基礎。

但只要大公司的權力仍像現在這樣強大，即使是有效的消費者運動也不可能取得令人滿意的結果。因為儘管民主依然殘存，但註定要屈從於技術法西斯主義，屈從於一個由飽食終日、毫無思想的機器人組成的社會（這正是人們十分懼怕的、以「共產主義」為名的社會）。要想避免如此，就必須打破大企業對政府與日俱增的控制，以及打破大企業透過洗腦對民眾的思想控制。美國有限制大型企業權力的傳統，表現在它的反壟斷法中。強大的公眾情緒可以推廣這些法條的精神，應用到那些超級大公司之中，使之分解為較小的組織。

要建立一個以存在為基礎的社會，全體人民都應當作為公民，積極地發揮他們的經濟功能。因此，我們只有完全實現工業民主（industrial democracy）和政治民主（political democracy），才有可能擺脫重擁有的生命樣態。

大多數基進人本主義者都是這樣要求。

工業民主指的是每個大型工業或其他組織的成員在組織中發揮積極作用，每一個人都充分知情並參與決策，從個人的工作流程、健康和安全措施的層次開始（瑞典和美國的一些企業已經在這方面做出成功的嘗試），直至最終參與更高的、總方針層級的決策。關鍵的一點在於，在各個共同決策團體中，代表工人的是受雇者本人，不是工會代表。工業民主也意謂著，企業不僅是一個經濟和技術機構，同時還是一個社會機構，在其運轉的過程和方式中，每個成員都積極主動，因而也關心這個機構。

同樣的原則也適用於政治民主的實行。民主要能抵抗極權主義威脅的條件，是從一種被動的「旁觀者民主」，轉變為主動的「參與式民主」：在這種民主制度下，公共事務與每個公民的私人事務一樣切身和重要，或者更精確地說，社會的福祉成為每個公民私人關切的事。透過積極參與公共事務，人會發現生活更加有趣和振奮人心。確實，真正的政治民主可以定義為一種讓生活變得有趣的民主。就其本質而言，這種參與式民主完全不同於「人民民主」或「中央集權式民主」，它不帶有任何官僚主義色彩，並創造出一種讓煽動家無立足之地的氛圍。

為參與式民主制定施行辦法，很可能比詳細描述十八世紀的民主章程困難得多。締造參與式民主需要大量有才幹的人付出大量努力，制定新的原則和執行方法。作為實現這項目標的諸多可行建議之一，我想重申二十多年前我在《健全的社會》一書中提出的建議：應當成立幾十萬個直接面對面對話的團體（每個團體約五百個成員），使之成為常設機構，就經濟、對外政策、衛生、教育和實現大眾福祉的途徑等問題進行審議，做出決策。這些團體能獲得一切所需的資訊（這種資訊的性質容後說明），並在不受任何外界影響下展開討論，然後進行表決（以我們現有的技術手段，所有表決票可在一天之內收齊）。這些團體的總體將形成一個「下議院」，它的決策將與其他政治機構一樣，對立法產生關鍵性的影響。

有人或許會問：「既然民意調查能在相當短的時間內探出全體民眾的意見，為什麼還要制訂這些複雜的設計呢？」這種質疑觸及了意見表達中最具挑戰性的一面。作為民意調查基礎的「意見」，不過是一個人在沒有獲得充分資訊、沒有批判性反省，和沒有討論的情況得到的觀點。此外，接受民意調查的人知道他們的「意見」無足輕重，因此缺乏作用。這些意見僅構成人在某個特定時刻其意識層面的想法，無法告訴我們潛在趨勢，而這些潛在趨勢在外界情況發生變化時，可能導致人形成相反的意見。與此類似，參加政治投票的選民知道，一旦他們把票投給某位候選人，他們對事件的進程就不再擁有任何實際的影響力。在某些方面，選舉投票的方法甚至比民意調查更糟糕，因為那一套用於選舉中類似催眠術的技巧，讓選民的頭腦變得遲鈍。選舉變成刺激的肥皂劇，攸關緊要的是候選人的前程而不是政治議題。選民可以透過投票給自己擁護的候選人來參與這齣肥皂劇。儘管有很大一部分民眾拒絕參與，但大多數人都對這種現代版本的羅馬競技場場面如癡如醉，只不過上場比拚的不是角鬥士而是政客。

要形成真正的信念至少有兩個要求：一是有充足的資訊，二是知道自己的

決定會產生效果。毫無權力的旁觀者的意見不會表達出他們的信念，對他們而言這只是個遊戲，類似於表達喜愛的香菸品牌。出於這些原因，人在民意調查和選舉投票中所表達的意見，構成最糟而非最高水準的判斷。這項事實可以透過兩個人能做出最佳判斷的例子證實（也就是說，人在這些例子中下的決定，其水準遠勝於他們的政治決定）：其一，在私人事務中（特別是商業方面，這是熊彼得〔Joseph Schumpeter〕清楚顯示過的）；其二，當陪審團成員的時候。陪審團由普通公民組成，他們往往必須在非常錯綜複雜和難以理解的案件中做出決定。但是，陪審團的成員掌握所有相關資訊，有機會進行長時間的討論，並且知道他們受到授權，將決定那些接受判決的人的命運和幸福。結果就是，他們的決定整體來說，展現了絕佳的洞察力和客觀性。相反的，缺乏資訊、處於半催眠狀態又沒有權力的人不可能表達認真的信念。在缺乏資訊、商討和讓自身決定發揮作用的權力的情況下，以看似民主的方式表達的意見，只不過相當於體育賽事中的喝采聲罷了。

想要讓人能夠積極參與政治生活，就需要整個工業和政治領域最大程度地非集權化。

基於現有的資本主義的內在邏輯，企業和政府會日漸增大，最終變成龐然大物，需要透過官僚機器自上而下地集中管理。人本主義社會的要求之一就是阻止這種中央集權的發展，實行大規模的非集權化。這有好幾個原因。如果一個社會變成芒福德所說的「巨型機器」（megamachine），即整個社會（包括它的人民）成為一架龐大、由中央控制的機器，那麼從長遠看，走向法西斯主義幾乎是不可避免的。這是因為：一、當人民變成聽話的綿羊，失去批判思維的能力，感到毫無權力和一無所知，他們必然會寄希望於一位「知道」要做什麼的領袖；二、任何走近這部「巨型機器」的人只要按下適當的按鈕就能運轉它。這部龐大機器就像一輛汽車，本質上能夠自行運轉。也就是說，操作方向盤的那個人只需按下適當的按鈕，把好方向盤和剎車，並注意一些同樣簡單的細節就行了。汽車或其他機器中具有許多齒輪，「巨型機器」中則有許多不同層級的官僚管理機構。即使一個智力和能力都很平庸的人，他只要登上權力寶座，就能輕易地操縱國家機器。

政府功能不應下放給各州，因為這些州本身就是龐大的集合體。應該下放給相對較小的行政區，那裡的人仍然能夠認識和判斷彼此的為人，因而能積極參與當地的公共事務。要在工業領域去除中央集權，就必須把更多的權力下放給企業中的較小部門，並將龐大的公司分解成小的實體。

想要讓人積極主動和有責任心地參與民主生活，還必須用人本主義的管理方法取代官僚主義的管理方法。

大多數人仍然相信，每一種大規模的管理都必然是「官僚主義的」，即採用異化的管理形式。但大部分人沒有意識到官僚主義風氣把人變得多麼麻木不仁，不知道這種風氣如何滲透到生活的各個領域，甚至是最難察覺的地方，例如醫病關係和夫妻關係。官僚主義的管理方法可以定義如下：一、把人當作物來管理；二、進行數量上而不是品質上的管理，以便使量化和控制變得更簡單廉價。官僚主義的管理方法由統計資料支配，官僚做決策的基礎是那些由統計數字得出的死規則，而非對站在他們面前的活生生的人做出回應；他們依據統計學上最有可能發生的狀況來做決策，不惜傷害不符合這種狀況的百分之五至十的人。官僚害怕承擔個人責任，總是拿規章制度當擋箭牌。他們的安全感與榮譽感來自於對規章制度的忠誠，而非對人心法則的忠誠。

艾希曼（Otto Eichmann）便是官僚主義者的極端例子。艾希曼將數十萬猶太人送向死亡並不是因為恨他們，他既不愛任何人也不恨任何人，他只是在「履行他的職責」。他將這些猶太人處死，只不過是忠於職守；當他被指派加速進行將猶太人移出德國的工作時，他同樣是在盡忠職守。對他而言，最重要的是遵守規則，只有當他違背這些規則的時候才會產生內疚感。艾希曼曾說（因此對自身辯白不利），他只在兩件事情上有過內疚感：一次是孩提時翹課，另一次是遇到空襲時違背命令沒有去找防空洞掩蔽。這並不是說艾希曼和其他為數不少的官僚沒有施虐癖成分（即透過控制其他活物來獲得滿足感），而是說這種成分在他們身上是次要的。官僚主義者身上的首要特質是缺乏對人的同情心和一味地膜拜規則。

我並不是說所有的官僚主義者都是艾希曼之流。首先，許多在官僚體系中任職的人並不是性格意義下的官僚主義者。其次，在很多情況下，官僚主義態度並未完全控制當事人，完全扼殺他的人性。但官僚主義者之中有不少艾希曼式的人物，他們與艾希曼的唯一區別只在他們沒有奉命殺死成千上萬的人。但如果醫院中的官僚因為一個生命垂危的病人不是按照規定由醫師送來而拒絕收治，那麼這個官僚的作為無異於艾希曼；如果社會福利工作者寧願讓一位需要幫助的人餓死也不肯違背某條官僚制度的規定，他們同樣與艾希曼沒什麼兩樣。這種官僚主義的態度不僅存在於管理人員當中，還存在於醫生、護理師、中小學教師、大學教授當中，也存在於許多丈夫對妻子、父母對子女的關係中。

當一個活生生的人被貶低成一個代號，真正的官僚就能對他做出極其殘忍的事來。這並不是因為他們天性殘酷，而是因為他們感受不到自己與平民之間的情感連結。儘管這些官僚不似虐待狂那般邪惡，但他們具有更大的危險性，因為在他們身上甚至沒有良心與職責之間的衝突：他們的良心就是履行他們的職責。人在他們的眼中並不是同理與同情的對象。

在老企業或醫院和監獄之類的大型組織中，仍然能夠看到板著面孔的舊式官僚。在這些機構，一名官僚就能對窮人或者其他無權無勢的人行使極大的權力。在現代工業組織中，官僚通常不會不友善，十之八九無施虐癖成分，只是會從發號施令中獲得一些快感。但在這些人身上，我們再次發現對「物」的官僚主義式忠誠——這一次的「物」是體制。他們對它深信不疑。企業是他們的家，而企業的規章制度是神聖的，因為它們是「理性的」。

但無論是新派官僚還是老派官僚都無法與參與式的民主共存，因為官僚主義那一套與個人積極參與的精神無法相容。新型的社會科學家必須制定計畫，為非官僚主義的大規模組織設計新的管理形式，這種管理以對人和具體情況的回應（response）為導向（從responsibility〔責任〕一詞包含response反映出來），而不僅是照本宣科。只要我們重視管理人員身上潛在回應的自發性，不迷信節約與高效，非官僚主義式的管理就有可能實現。

想要建立一個重存在樣態的社會還必須採取許多其他措施。在提出以下一些建議時，我並不以原創者自居。恰恰相反，正因為幾乎所有建議都曾由一些人本主義作家以某種方式提出過，讓我更有勇氣將它們提出來。[2]

2 為了避免本書內容過於冗長，我沒有引用包含相似主張的大量文獻。本書的「參考書目」部分列舉了很多這類文獻。

・必須禁止在工業和政治宣傳中對民眾進行洗腦。

對民眾進行洗腦是危險的，不僅因為這會迫使我們購買我們既不需要、也並不真正想買的物品，還因為它將導致我們選出自己既不需要、也並不真正想選的政治代表。假如我們能自主思考的話，是不會選擇這些人的；但我們無法自主思考，因為催眠般的宣傳方法痲痺了我們。為了對抗這種與日俱增的危險，我們必須禁止使用催眠式宣傳方法，無論它們是為了商品還是為候選人宣傳。

在商業廣告和政治宣傳中使用催眠的方法，會對人的心理健康造成危害，特別是對條理清晰的批判思維和情感上的獨立。我毫不懷疑，深入的研究將表明，毒癮造成的危害與洗腦造成的危害相比是小巫見大巫。從隱性暗示到半催眠的手段，這些洗腦的方法透過不斷重複或者撩撥性欲（「我是琳達，和我一起飛吧！」[3]）來擾亂人的理性思考。廣告，尤其是電視廣告，用純粹暗示性的方法對人狂轟濫炸，弄得人頭昏腦脹。這種對個人理性和現實感的襲擊無處不在，無時不在，在電視上，在公路上開車時，或是在候選人的政治宣傳裡，莫不如此。這些暗示方法的顯著效果之一，是營造出一種半睡半醒、將信將疑、失去現實感的氛圍。

而停止用催眠、暗示的方法蠱惑與毒害大眾時，會使消費者產生類似於吸毒者戒毒時的戒斷症狀。

·必須消除貧國與富國之間的差距。

貧富差距的持續擴大毫無疑問將導致巨大的災難。貧國已經不再把工業世界的經濟剝削視為上帝的安排。儘管蘇聯仍在以殖民主義的方式剝削其衛星國，但它利用並強化殖民地人民的反抗，以之作為對付西方的政治武器。石油價格的上漲是一個開端，象徵殖民地人民要求結束迫使他們低價出售原材料、高價買進工業產品的經濟體系。同理，越戰也象徵西方國家對殖民地的政治和軍事統治開始瓦解。

假如我們對這種貧富懸殊的狀況不採取任何決定性的措施，情況將會怎樣呢？要麼是瘟疫將會蔓延至白人社會的堡壘；要麼饑荒將會讓窮國人民陷於絕望。這些

3　編註：美國國家航空（National Airlines）於一九七〇年代初期推出的電視廣告，片中以多位空服員角色為宣傳主體，「Fly me!」這句台詞被輿論視為帶有性暗示意味，遭致廣泛批評。

人可能會在工業國家中同情他們的人的支持下採取破壞性行動，甚至動用小型核子武器或生化武器在白人的堡壘中製造混亂。

我們只有控制住產生飢餓、饑荒和疾病的條件，才能防止發生這種災難。要做到這一點，工業國家的幫助必不可少。幫助的方法必須不被富國的經濟和政治利益左右，這也意謂著必須擺脫把資本主義的經濟和政治原則傳播到亞洲和非洲的想法。很顯然，什麼樣的經濟援助方式最有效（尤其是在技術服務方面），應該由經濟專家來決定。

但只有真正合格的專家才能從事這項工作，這樣的人不僅要有聰明的頭腦，還要有仁慈的心靈來激勵他們尋求最佳的解決方法。要想召集到這些專家並聽從他們的建議，就必須大幅度削弱重擁有的取向，發揚團結與關心（而非同情）他人的意識。關心他人指的不僅是關心地球上的人類，還包括關心人類的後代子孫。然而，現實是，沒有什麼比掠奪地球的原物料、汙染地球和準備發動核戰，更能說明我們的自私自利——我們毫不遲疑地將這個被掠奪殆盡的地球當成留給後代子孫的遺產。

沒人知道這種內在的轉化能否實現。但有一點世人必須明白：如果沒有這樣的轉化，窮國和富國之間的衝突將一發不可收拾。

·引入有保障的年收入能使資本主義和共產主義社會中的許多罪惡消失。[4]

這種想法的核心是，所有人，無論是否工作，都應無條件地有食物吃、有地方住。他們將得到維持基本生存的必需品，不多也不少。今天，這項權利表達了一個新概念：每個人無論是否盡到「社會責任」，都無條件地擁有生存的權利。這也是一條古老的準則，基督教是如此要求的，許多「原始」部落也是如此實行的。我們把這樣的權利給與我們的寵物，卻吝於給與我們的人類同胞。

這項法則將大大拓寬個人自由的領域。任何一個本來在經濟上依賴他人（如父母、丈夫、老闆）的人，都不再會因害怕挨餓而受到勒索。那些有天分的人如果想

4　一九五五年我在《健全的社會》一書中提出過這個建議，又在六〇年代中期的一次研討會上再提過（研討會論文集由A. Theobald主編，見「參考書目」）。

要一種不同的生活，則他們只要願意在一段時期之內作出犧牲，過上相對貧窮的生活，就可以如願以償。現代福利國家幾乎接受了這個原則——說「幾乎」是指「沒有真正如此」。官僚機構仍然在「管理」人民，仍然在控制和羞辱人民。然而，有保障的收入能讓任何人無須提供「證明」，就可以得到一間簡單的房子和起碼的食物，因而就沒有必要成立官僚機構來管理本質上浪費又違背人的尊嚴的福利計畫。有保障的年收入將確保真正的自由和獨立。正因為如此，任何一種以剝削和控制為基礎的制度，尤其是各種形式的獨裁制度，都不可能接受它。例如，蘇聯體制的典型特徵，便是最基本的免費物品（如免費公共交通或免費牛奶）的建議也會一律被拒絕。免費的醫療服務是個例外，但也僅在表面上如此，因為它有一個明確的前提條件：一個人只有生病了才能享受到。

有鑑於今日維持一個龐大福利機構所需的成本，以及治療疾病（特別是身心症）、犯罪和毒癮（它們大部分都是對壓制和無聊的一種反抗形式）的成本，如果為每個想要的人提供有保障的年收入，其成本很有可能比我們現有的社會福利體系還要少。對於那些認為「人天性懶惰」的人來說，這個觀點既不可行又危險。然而，這樣的陳腔濫調並無事實基礎，只不過是一種口號，用以辯解為何不能對那些無助的人放鬆控制。

・婦女必須掙脫父權制的控制。

讓婦女得以從父權統治解放，是讓社會變得人性化的根本要素之一。大約僅在六千年前，女人受到男人統治的現象開始在世界上不同的地方出現，那時農業生產的盈餘讓雇佣及剝削工人、組織軍隊和建立強大的城邦成為可能。[5]從那以後，「聯合起來的男性」征服了女性，而這些男人不僅征服了中東和歐洲社會，還征服了世界上大多數人類文明。男性對女性的勝利是建立在男人的經濟權力和他們締造的戰爭機器的基礎上。

兩性間的鬥爭跟階級鬥爭一樣古老，但形式更為複雜，因為男人不僅需要女人像牲口一樣勞動，還需要她們充當母親、情人和慰藉者。性別戰爭的形式常常公

---

5 我在《人類破壞性的剖析》一書中對早期「母系社會」和相關文獻有所討論。

開而野蠻，更多時候是隱蔽的。女人屈服於強大勢力，但以自己的武器進行還擊，最主要的一種還擊方式就是嘲弄。

地球上一半的人類受另一半的壓迫，這種現象至今對兩性造成嚴重的傷害：男人擺出勝利者的姿態，女人則成了受害者。即使在今天，即使在那些自覺地反對男性至上的人當中，男女關係也逃脫不了詛咒：男人有優越感，女人有自卑感。（佛洛伊德堅信男人的優越性。他荒唐地認為，女人之所以感到軟弱無力是由於她們缺少陰莖，而男人缺乏安全感是因為普遍有「被閹割恐懼」。我們這裡所談的是兩性戰爭的症狀，不是男女的生物學和解剖學差異。）

許多證據表明，男人對女人的控制，與一個群體對其他弱勢群體的統治非常相似。例如一百年前美國南方的黑人與當時（乃至今日）婦女的處境。那時候，人們把黑人和婦女比作兒童，認為他們情緒化、幼稚和缺少現實感，因而不可委以決策權；還認為他們不負責任，但很迷人。（佛洛伊德還補充說，女性的良知（超我）不如男性發達，且比男性更自戀。）

對弱勢群體行使權力是當今父權制的本質，也是對非工業化國家、對兒童和青少年進行支配的本質。日益壯大的婦女解放運動具有重大意義，因為它威脅著當代社會（資本主義社會和共產主義社會）賴以存在的權力原則。也就是說，婦女可以透過解放運動明確地表示，她們不願分享男人控制其他群體的權力，例如對殖民地人民的控制。如果婦女解放運動能夠以「反權力」代表的角色和職責自居，婦女將在建立新社會的鬥爭中發揮關鍵性影響。

婦女解放運動已促成基本的社會變化。也許今後的歷史學家會寫道，二十世紀最具革命性的事件就是婦女解放的肇始和男性霸權的衰落。然而，為婦女解放而進行的鬥爭才剛剛開始，來自男性的阻力不可低估。男人與女人的整個關係（包括性關係）都建立在男人自稱的優越性之上，面對那些拒絕承認「男人至上神話」這種迷思的女人，男人已經開始感到非常不自在和不安了。

與婦女解放運動密切相關的是，年輕一代的反權威轉向。這種反權威主義在六〇年代後期達到高潮，而後經過一連串的變化，許多曾經反對「當權者」的年輕人如今基本上已成為「安分守己」的人。但是對父母和其他權威的傳統崇拜已不再固若金湯，幾乎可以肯定，以往那種對權威的「敬畏」已經一去不復返了。

與這種擺脫權威的解放並行的是，擺脫罪惡感的性解放：性不再是難以啟齒和罪惡的。無論人們對性解放各個方面的相對價值抱持的看法多麼不同，有一點是可以肯定的，那就是性不再使人感到害怕。它不再能被利用來使人產生罪惡感，因而不能再拿來迫使人服從。

・必須建立最高文化委員會，在一切需要知識的事務上為政府、從政者和公民提供意見。

文化委員會的成員必須是國內知識界和文藝界的菁英，這些男女的人品應毋庸置疑。他們將決定如何在食品藥物管理局的基礎上建立一個擴大化的新機構，並挑選人員來負責傳播資訊。

人們對於誰是各領域傑出代表的看法基本上是一致的，因此我相信這樣一個委員會是有機會找到合適成員的。當然，至關重要的是，該委員會也應包含對主流觀點持反對意見的人，例如經濟學、歷史學和社會學中的「激進分子」和「修正主義者」。但困難並不在於找到這些委員會的成員，而是如何將他們挑選出來，因為他們既不能透過大眾選舉產生，也不能由政府來指派。不過總是可以找到其他的挑選方式。例如，可以先選出三至四名核心成員，再逐步擴大直至滿員，比方說達到五十至一百人的規模。該文化委員會必須有充足的經費，好讓它能開展針對不同問題的專門研究。

·必須建立能高效傳播有效資訊的體系。

資訊是形成有效民主制度的基本要素。必須禁止以「國家安全」為藉口隱瞞或篡改資訊。但即使沒有這種不正當隱瞞資訊的現象，目前仍存在的問題是，一般公民幾乎無法獲得任何真實、必要的資訊。不僅對一般公民是如此，大量事實表明，大多數民選代表、政府官員、軍事首腦和商界領袖也都耳目失靈，主要收到的都是由各政府機構傳播、並由新聞媒介複述的虛假資訊。不幸的是，上述大多數人頂多只具備純操作的智力，幾乎沒有能力理解表象之下發揮實際作用的各種力量，因此也就無法對未來的發展做出明智的判斷，更別提這些人常常是自私自利與不正直的（關於這方面我們已經聽太多了）。然而，即使是正直和有智慧的官員，一樣不足以解決災難臨頭的世界所面對的種種難題。

除了少數幾家「大」報外，甚至有關政治、經濟和社會資料的事實性報導都很有限。所謂的大報雖能提供較多資訊，卻也提供較多失實的資訊，其手法是：不一視同仁地報導所有新聞；使用偏頗的標題，而且標題往往與報導內容不符；以道貌岸然的語言寫出有偏袒性的社論。事實上，報紙、雜誌、電視和廣播都是在生產一種商品：以各種事件為原始材料的新聞。只有新聞可以售賣，而新聞媒體決定哪些事件是新聞、哪些不是。充其量，它們提供的資訊是現成的，只涉及事件的表面，一般人幾乎沒有機會透過表面去認識事件發生的深層原因。只要新聞銷售是一種買賣，就很難阻止報刊雜誌寡廉鮮恥地刊印好賣又不得罪廣告商的報導。

要讓人能依據真實資訊形成意見和做出決策，就必須採用一種不同的方式來解決資訊問題。對這一類方法，我僅舉一個例子。最高文化委員會的首要功能之一，就是收集和傳播全體國民所需的所有資訊，尤其要能滿足參與式民主中面對面團體討論的需求，因為充足的資訊是這種討論的基礎。這些資訊應當包含各領域的基本事實和可供選擇的基本方法，以便做出政治決策。特別重要的一點是，當發生意見分歧的時候，少數人的意見和多數人的意見都必須予以公布，讓每一個公民（尤其是那些進行面對面直接討論的團體）都能知曉。最高文化委員會將負責監督這個新的新聞報導機構的工作。當然，在傳播這種資訊的過程中，廣播和電視也將發揮重要作用。

・科學研究必須獨立於工業和國防應用之外。

雖然對追求知識設限會妨礙人類發展，但若將科學思考的一切成果都轉化為實際應用，將極其危險。正如很多觀察者所強調的，遺傳學、腦外科、精神藥物及許多領域中的某些發現，有可能、甚至必然會被誤用，從而對人類造成嚴重危害。只要工業和軍事利益集團能夠自由利用它們認為合適的一切新的理論發現，這一點就無法避免。必須停止讓利潤和軍事考量來左右科學研究及應用。這就需要成立一個管理委員會，負責審核把任何新的理論轉化為實際應用的申請。毋庸說，這個管理委員會必須在法律上和心理上完全獨立於工業、政府和軍隊。最高文化委員會將有權任命其成員並監督其工作。

・儘管上述各項建議已經很難實現，若再加上新社會的另一個必要條件，更可說是難上加難。該必要條件就是裁減核子軍備。

我們經濟的致命傷之一，是需要一個龐大的軍火工業。哪怕在今天的美國，這個世界上最富裕的國家，也必須削減在健康、福利和教育方面的開支，以支撐國防預算的重擔。一個花費大量錢財生產武器裝備，只是用來使自己和世界走向毀滅的國家，是無力承擔進行社會實驗的費用的。此外，如今軍事官僚機構權力日盛，並繼續製造恐懼和臣服，在這樣的氛圍中，個人主義和積極主動的精神是不可能存在的。

新社會有合理的機會實現嗎？

有鑑於大公司的巨大權力、社會大眾的冷漠無力、幾乎所有的國家領袖都不稱職、核子戰爭的威脅以及生態危機，更別提像氣候變化這樣的現象（僅此一項就能在全世界造成大規模的饑荒），我們不禁要問：我們有合理的機會得救嗎？從商業投資的角度來看，機會幾乎為零，因為如果一項投資只有百分之二的勝算，任何有理智的人都不會押上他們的身家財產；同理，如果獲利的機會很小，人是不會進行大筆風險投資的。但在事關生死的問題上，「合理的機會」（reasonable chance）必須用「真實的可能性」（real possibility）[6]來取代——無論這可能性有多渺茫。

生命既不是碰運氣的牌局也不是商業投資，我們必須以別的領域為例來理解得救的真實可能性，例如醫學的領域。如果一個病入膏肓的人還有一線生機，一位負責任的醫生一定不會說「我們放棄吧」，或者僅採取保守療法。相反的，他會採用一切想像得到的方法來挽救患者的性命。同理，對於一個病入膏肓的社會，我們也得付出同樣多的努力。

從賭博或商業的角度，而非從生命的角度，來評估當今社會得救的可能性，是典型的商業社會思維方式。盛行的技術至上觀點認為，只要我們讓自己忙於工作和娛樂，讓自己不動感情，就沒有什麼大問題；即使真的有問題，或許技術法西斯

6 譯註：「真實的可能性」是相對於「不可能的可能性」而言。

主義終究還是不錯的。這種觀點非常不明智，而且是一廂情願。技術法西斯主義必然會導致災難。人類如果失去人性就會變得瘋狂，不僅無法維持長期穩定的社會，甚至在短期內也無法阻止自己使用核子武器和生化武器，從而導致自己的毀滅。

但也有幾個因素能讓我們得到鼓勵。首先，越來越多的人認識到梅薩羅維奇、佩斯特爾和埃利希等人所言非虛。他們曾說：純粹從經濟角度來看，想要西方世界不被徹底毀滅，必須出現新的倫理、對大自然的全新態度和人類的團結合作。雖然沒有加入情感和倫理考量，但這種觀點因為訴諸理性，可能一樣會打動不少人的想法。這一點不容小覷，儘管歷史上有許多國家一再做出有損自身根本利益甚至違背其求生欲的行為。這些國家之所以這樣，是因為其國民受到領導者的蠱惑並說服自己，他們面對的不是「生存還是毀滅」這樣的選擇。然而，一旦他們認識到真相，正常的神經生理反應就會出現：因為知道自己面臨生死攸關的威脅，他們必然會採取相應的防禦行為。

另一個給人希望的跡象是，越來越多的人開始表現出對現有社會體系的不滿。人們越發感受到了「世紀病」（la malaise du siècle）：他們感到憂鬱，儘管用盡各種辦法去抑制，還是意識得到。他們因為孤獨而不快樂，即使在人群中也會感到空虛。他們覺得無力，生活失去意義。很多人都清楚地意識到自己的感受；有些人即使感受沒有那麼明晰，但當他人表達出來時，也完全能夠感同身受。

此前，在世界歷史中能過著空虛的快樂生活的，僅限於一小部分的菁英階層。這些人能保持理智，是因為他們知道他們擁有權力，知道他們為了保住權力，必須思考和做事。今天，整個中產階級都過著空虛的消費生活，他們在經濟和政治上都沒有權力，也沒多少個人責任感。西方世界大部分的人都已了解消費者類型快樂的好處，也有越來越多從其受惠的人發現它的不足。他們逐漸發現，擁有很多財富並不能帶來幸福：傳統的倫理道德受到了現實的考驗，並已被經驗證實。

只有那些沒有享受過中產階級奢侈生活的人，既有的錯覺才會不動如山——包括西方社會的中下階層，和「社會主義」國家[7]的絕大多數人。中產階級希望「透過消費獲得快樂」，但這種希望在還沒有實現中產階級夢想的國家最是熱烈。

7 譯註：作者為社會主義加上引號，是表示他不認為這些國家本質上真的是社會主義。

有些人認為人不可能戰勝貪婪和嫉妒，力主它們是與生俱來的人性。這樣的觀點經不起推敲。貪婪和嫉妒之所以盛行，並不是由於它們本身的力量，而是公眾壓力難以抵抗，身處狼群之中很難不跟著當狼。如果改變社會風氣，以及那些被認可或否定的價值觀，那麼從自私轉向利他將不再那麼困難。

如此一來，我們再次回到「重存在取向是人性中的強力潛質」此項前提。只有少數人完全受重擁有樣態支配，也只有少數人完全由重存在樣態支配。兩種生命樣態都可能占據主導地位，至於究竟是哪一種主導，則取決於社會結構。在一個以存在為導向的社會裡，重擁有取向會受到遏制，而重存在取向會得到扶植。在像我們這樣的社會裡，整體導向是重擁有的，所以情況剛好相反。但新的生命樣態一直都在，只不過被壓制了。如果掃羅（Saul）不是在改信基督教之前便已經是個保羅（Paul），他是不可能變成保羅的。[8]

從重擁有到重存在的改變，實際上是天平向另一端傾斜，因為在社會變革中，新事物受到鼓勵，舊事物被放棄。此外，新人類與舊人類的不同並不是天與地的差別，只是方向上的改變。朝新方向邁進一步，緊跟著就會有第二步，只要方向正確，每一步都是極其重要的。

說來矛盾，另一個鼓舞人心的方面與大部分民眾（包括他們的領袖）的異化程度有關。在前面討論「行銷型性格」時已經指出，過去人們貪婪地保有和囤積財富，現在已轉變為只想要運作良好，把自己當作商品一樣進行交換，而自我空空如也。相較而言，異化的行銷型性格要比囤積型性格更容易改變，因為囤積型性格的人狂熱地執著於保有財富，尤其是保有他們的自我。

一百年前，大多數人都是「獨立的人」，改革的最大障礙來自於對失去財產和喪失經濟獨立的恐懼和抗拒。在馬克思生活的時代，工人階級是唯一沒有獨立性的龐大階級，也是馬克思眼中異化程度最嚴重的階級。今天，大部分人都具有依賴性，幾乎所有工作者都是受雇的。（根據美國一九七〇年人口普查報告，年齡超過十六歲的總人口中，只有百分之七．八二是自雇的，即「獨立的」。）至少在美國，藍領階層還保留著傳統中產階級的囤積型性格，也因此，他們看待改變的態度

8 譯註：使徒保羅原名掃羅，曾參與迫害基督徒的行動，後悔改並信仰耶穌，改名保羅。

不像較異化的中產階級那樣開放。

這一切導致了極為重要的政治後果：過去，雖然社會主義試圖解放所有階級，即建立一個無階級的社會，但它對「工人階級」（即體力勞動者）具有最直接的號召力。然而與一百年前相比，今天的工人階級相對而言越發只占人口中的少數。為了獲得權力，社會民主黨派必須贏得更多中產階級成員的選票。為了達到這個目的，社會民主黨派就必須放棄以實現社會主義為目標的計畫，轉而進行更多的自由派改革。另一方面，社會主義因為把工人階級視為實現人本主義改革的槓桿，社會主義必然會激怒所有其他階級的成員，因為他們擔心自己的財產和特權會被工人階級奪走。

今天，建立新社會的號召可望吸引到所有遭受異化、受雇和財產未受威脅的人。換句話說，它關係到人口中的大多數，而不僅是少數。它並不威脅要奪走任何人的財產，而在收入問題上，它將提高貧困人口的生活水準。行政主管的高薪不一定會減少，但如果新的社會體系行得通，他們必然不願成為舊時代的象徵。

再者，新社會的理想將跨越所有黨派界線：很多保守黨人並沒有失去他們的倫理和宗教理想（埃普勒稱他們為「價值保守派」），很多自由主義者和左派人士也同樣如此。每個政黨在拉攏選民時都會宣稱自己代表人本主義的真正價值，但在所有政黨背後只有兩大陣營：關心人類命運的政黨和對此漠不關心的政黨。如果在關心人類命運的陣營中，所有成員都能放下各自黨派的陳腔濫調，意識到他們秉持共同的目標，那麼實現變革的可能性將會大得多，尤其現在大多數公民逐漸對黨派忠誠和黨派口號失去興趣。今天人們都熱烈盼望人類可以變得智慧和有信念，並有勇氣按照自己的信念行動。

即使存在這些為人帶來希望的因素，出現必要的人類與社會變革的機會仍然渺茫。我們的唯一希望繫於新願景的激發性影響力。在不改變社會體系的情況下提出任何一種改革方案，從長遠看是毫無用處的，因為這樣的改革不具備強大動機的驅動力。「烏托邦式」的目標比今天各國領袖的「現實主義」更加實際。新社會和新人類只有滿足以下條件才有可能實現：舊的動機（利潤、權力和智力）被新的動機（存在、分享和理解）取代；行銷型性格被充滿創造性和愛的性格取代；「自動化時代宗教」被新的基進人本主義精神所取代。

事實上，對於那些並不真正信仰有神論宗教的人而言，關鍵在於皈依一種人本主義的「宗教情懷」——它與宗教無關，也與教條和宗教機構無關，從佛陀到馬克思的非有神論運動早已為此做好了準備。我們所面臨的並不是在自私的物質主義和基督教的上帝信仰之間做出取捨。社會生活本身——包括工作、休閒和人際關係等方方面面——都將是對「宗教」精神的表達，因此沒有必要再去信仰任何單獨的宗教。提倡這種新的、非有神論的、非機構化的「宗教情懷」並非要攻擊既有的宗教，但它意謂著始於羅馬官僚體制的羅馬天主教會必須兌現自己的福音書精神。這也不是說「社會主義國家」都必須「去社會主義化」，而是說它們虛假的社會主義應該被真正人本主義的社會主義所取代。

中世紀晚期文化之所以繁榮興盛，是因為人們嚮往「上帝之城」的願景。現代社會之所以繁榮興盛，是因為人們受到「人間的進步之城」的願景激發。然而，這項願景在本世紀已淪落為「巴別塔」的景象。這座巨塔正開始崩塌，並將最終把每個人埋葬於廢墟中。如果「上帝之城」和「人間的進步之城」分別是正題和反題，那麼，一個新的合題將是對抗混亂局面的唯一選項。這項合題結合了晚期中世紀世界的精神核心和文藝復興以來的理性思想與科學發展。它就是存在之城（City of Being）。

Schweitzer, Albert. 1923. *Die Schuld der Philosophie an dem Niedergang der Kultur* [The responsibility of philosophy for the decay of culture]. Gesammelte Werke, vol. 2. Zürich: Buchclub Ex Libris.
-. 1923. Verfall und Wiederaufbau der Kultur [Decay and restoration of civilization]. *Gesammelte Werke*, vol. 2. Zürich: Buchclub Ex Libris.
*-. 1973. *Civilization and Ethics*. Rev. ed. Reprint of 1923 ed. New York: Seabury Press.
Simmel, Georg. 1950. *Hauptprobleme der Philosophie*. Berlin: Walter de Gruyter.
Sommerlad, T. 1903. *Das Wirtschaftsprogramm der Kirche des Mittelalters*. Leipzig. Quoted by Otto Schilling; q.v.
Spinoza, Benedictus de. 1927. *Ethics*. New York: Oxford University Press.
Staehelin, Balthasar. 1969. *Haben and Sein*. [Having and being]. Zürich: Editio Academics.
Stirner, Max. 1973. *The Ego and His Own: The Case of the Individual Against Authority*. Edited by James J. Martin; translated by Steven T. Byington. New York: Dover. (Original ed. *Der Einzige and Sein Eigentum*.)
Suzuki, D. T. 1960. "Lectures on Zen Buddhism."In E. Fromm et al. *Zen Buddhism and Psychoanalysis*; q.v.
Swoboda, Helmut. 1973. *Die Qualität des Lebens*. Stuttgart: Deutsche Verlags-Anstalt.
*Tawney, R. H. 1920. *The Acquisitive Society*. New York: Harcourt Brace.
"Technologie and Politik."*Aktuell Magazin*, July 1975. Rheinbeck bei Hamburg: Rowohlt Taschenbuch Verlag.
Theobald, Robert, ed. 1966. *The Guaranteed Income: Next Step in Economic Evolution*. New York: Doubleday.
Thomas Aquinas. See Aquinas, Thomas.
Titmuss, Richard. 1971. *The Gift Relationship: From Human Blood to Social Policy*. London: George Allen & Unwin.
*Underhill, Evelyn, ed. 1956. *A Book of Contemplation the Which Is Called The Cloud of Unknowing*. 6th ed. London: John M. Watkins.
Utz, A. F. OP. 1953. "Recht und Gerechtigkeit."In Thomas Aquinas, *Summa Theologica*, vol. 18; q.v.
Yerkes, R. M., and Yerkes, A. V. 1929. *The Great Apes: A Study of Anthropoid Life*. New Haven: Yale University Press.

Mayo, Elton. *1933. The Human Problems of an Industrial Civilization.* New York: Macmillan.
Meadows, D. H., et al. 1972. *The Limits to Growth.* New York: Universe Books.
*Mesarovic, Mihajlo D., and Pestel, Eduard. 1974. *Mankind at the Turning Point.* New York: E. P. Dutton.
Mieth, Dietmar. 1969. *Die Einheit von Vita Activa and Vita Contemplativa.* Regensburg: Verlag Friedrich Pustet.
-. 1971. *Christus--Das Soziale im Menschen.* Düsseldorf : Topos Taschenbücher, Patmos Verlag.
Mill, J. S. 1965. *Principles of Political Economy.* 7th ed., reprint of 1871 ed. Toronto: University of Toronto/Routledge and Kegan Paul.
Millán, Ignacio. Forthcoming. *The Character of Mexican Executives.*
Morgan, L. H. 1870. *Systems of Sanguinity and Affinity of the Human Family.* Publication 218, Washington, D.C.: Smithsonian Institution.
**Mumford, L. 1970. *The Pentagon of Power.* New York: Harcourt Brace Jovanovich.
**Nyanaponika Mahatera. 1962; 1970. *The Heart of Buddhist Meditation.* London: Rider & Co.; New York: Samuel Weiser.
*-. ed. 1971; 1972. *Pathways of Buddhist Thought: Essays from the Wheel.* London: George Allen & Unwin; New York: Barnes & Noble, Harper & Row.
Phelps, Edmund S., ed. 1975. *Altruism, Morality and Economic Theory.* New York: Russell Sage Foundation.
Piaget, Jean. 1932. *The Moral Judgment of the Child.* New York: The Free Press, Macmillan.
Quint, Joseph L. See Eckhart, Meister.
*Rumi. 1950. Selected, translated and with Introduction and Notes by R. A. Nicholson. London: George Allen & Unwin.
Schecter, David E. 1959. "Infant Development."In Silvano Arieti, ed. *American Handbook of Psychiatry*, vol. 2; q.v.
Schilling, Otto. 1908. *Reichtum and Eigentum in der Altkirchlichen Literatur.* Freiburg im Breisgau: Herderische Verlagsbuchhandlung.
Schulz, Siegried. 1972. *Q, Die Spruchquelle der Evangelisten.* Zürich: Theologischer Verlag.
**Schumacher, E. F. 1973. *Small Is Beautiful: Economics as if People Mattered.* New York: Harper & Row, Torchbooks.
*Schumpeter, Joseph A. 1962. *Capitalism, Socialism, and Democracy.* New York: Harper & Row, Torchbooks.

*-. 1974. *Economics and the Public Purpose*. Boston: Houghton Mifflin.
*Habermas, Jürgen. 1971. *Toward a Rational Society*. Translated by J. Schapiro. Boston: Beacon Press.
-. 1973. *Theory and Practice*. Edited by J. Viertel. Boston: Beacon Press.
Harich, W. 1975. *Kommunismus ohne Wachstum*. Hamburg: Rowohlt Verlag.
Hebb, D. O. "Drives and the CNS [Conceptual Nervous System]."*Psych. Rev.* 62, 4: 244.
Hess, Moses. 1843. "Philosophie der Tat"[The philosophy of action]. In *Einundzwanzig Bogen aus der Schweiz*. Edited by G. Herwegh. Zürich: Literarischer Comptoir. Reprinted in Moses Hess, *Ökonomische Schriften*. Edited by D. Horster. Darmstadt: Melzer Verlag, 1972.
*Illich, Ivan. *1970. Deschooling Society*. World Perspectives, vol. 44. New York: Harper & Row.
-. 1976. *Medical Nemesis: The Expropriation of Health*. New York: Pantheon.
*Kropotkin, P. A. 1902. *Mutual Aid. : A Factor of Evolution*. London.
Lange, Winfried. 1969. *Glückseligkeitsstreben and uneigennützige Lebensgestaltung bei Thomas von Aquin*. Diss. Freiburg im Breisgau.
Leibrecht, W., ed. 1959. *Religion and Culture: Essays in Honor of Paul Tillich*. New York: Harper & Row.
Lobkowicz, Nicholas. 1967. *Theory and Practice: The History of a Concept from Aristotle to Marx.* International Studies Series. Notre Dame, Ind.: University of Notre Dame Press.
*Maccoby, Michael. Forthcoming, fall 1976. *The Gamesmen: The New Corporate Leaders*. New York: Simon and Schuster.
Maimonides, Moses. 1963. *The Code of Maimonides*. Translated by A. M. Hershman. New Haven: Yale University Press.
*Marcel, Gabriel. 1965. *Being and Having: An Existentialist Diary*. New York: Harper & Row, Torchbooks.
Marx, K, *1844. Economic and Philosophical Manuscripts* In *Gesamtausgabe (MEGA)* [Complete works of Marx and Engels]. Moscow. Translated by E. Fromm in E. Fromm, *Marx's Concept of Man*; q.v.
-. 1909. *Capital*. Chicago: Charles H. Kerr & Co.
-. *Grundrisse der Kritik der politischen Ökonomie*. [Outline of the critique of political economy]. Frankfurt: Europäische Verlagsanstalt, n.d. McClellan, David, ed. and trans. 1971. *The Grundrisse*, Excerpts. New York: Harper & Row, Torchbooks.
-. and Engels, F. 1844/5. *The Holy Family, or a Critique of Critical Critique*. London: Lawrence & Wishart, 1957. *Die Heilige Familie, der Kritik der kritischen Kritik*. Berlin: Dietz Verlag, 1971.

Fromm, E. 1932. "Die psychoanalytische Charakterologie and ihre Bedeutung für die Sozialforschung." *Zeitschrift für Sozialforschung*. 1: 253-277; "Psychoanalytic Characterology and Its Relevance for Social Psychology."In E. Fromm, *The Crisis of Psychoanalysis*; q.v.
-. 1941 . *Escape from Freedom*. New York: Holt, Rinehart and Winston.
-. 1942. "Faith as a Character Trait."In *Psychiatry 5*. Reprinted with slight changes in E. Fromm, *Man for Himself* q.v.
-. 1943. "Sex and Character."In *Psychiatry* 6: 21-31. Reprinted in E. Fromm, *The Dogma of Christ and Other Essays on Religion, Psychology, and Culture*; q.v.
*-. 1947. *Man for Himself An Inquiry into the Psychology of Ethics*. New York: Holt, Rinehart and Winston.
-. 1950. *Psychoanalysis and Religion*. New Haven: Yale University Press.
-. 1951. *The Forgotten Language: An Introduction to the Understanding of Dreams, Fairy Tales, and Myths*. New York: Holt, Rinehart and Winston.
*-. 1955. *The Sane Society*. New York: Holt, Rinehart and Winston.
-. 1956. *The Art of Loving*. New York: Harper & Row.
-. 1959. "On the Limitations and Dangers of Psychology." In W. Leibrecht, ed. *Religion and Culture: Essays in Honor of Paul Tillich*; q.v.
**-.1961. *Marx's Concept of Man*. New York: Frederick Ungar.
-. 1963. *The Dogma of Christ and Other Essays on Religion, Psychology, and Culture*. New York: Holt, Rinehart and Winston.
-. 1964. *The Heart of Man*. New York: Harper & Row.
-. ed. 1965. *Socialist Humanism*. Garden City, N.Y.: Doubleday & Co.
-. 1966. "The Concept of Sin and Repentance." In E. Fromm, *You Shall Be as Gods*; q.v.
-. 1966. *You Shall Be as Gods*. New York: Holt, Rinehart and Winston.
*-. 1968. *The Revolution of Hope*. New York: Harper & Row.
-. 1970. *The Crisis of Psychoanalysis: Essays on Freud, Marx, and Social Psychology*. New York: Holt, Rinehart and Winston.
**-. 1973. *The Anatomy of Human Destructiveness*. New York: Holt, Rinehart and Winston.
-. and Maccoby, M. 1970. *Social Character in a Mexican Village*. Englewood Cliffs, N.J. : Prentice-Hall.
-. Suzuki, D. T., and de Martino, R. 1960. *Zen Buddhism and Psychoanalysis*. New York: Harper & Row.
*Galbraith, John Kenneth. 1969. *The Affluent Society*. 2nd ed. Boston: Houghton Mifflin.
*-. 1971. *The New Industrial Society*. 2nd rev. ed. Boston: Houghton Mifflin.

Darwin, Charles. 1969. *The Autobiography of Charles Darwin 1809-1882*. Edited by Nora Barlow. New York: W. W. Norton. Quoted by E. F. Schumacher; q.v.

Delgado, J. M. R. 1967. "Aggression and Defense Under Cerebral Radio Control."In *Aggression and Defense: Neural Mechanisms and Social Patterns. Brain Function*, vol. 5. Edited by C. D. Clemente and D. B. Lindsley. Berkeley: University of California Press.

De Lubac, Henri. 1943. *Katholizismus als Gemeinschaft*. Translated by Hans-Urs von Balthasar. Einsiedeln/Cologne: Verlag Benziger & Co.

De Mause, Lloyd, ed. 1974. *The History of Childhood*. New York: The Psychohistory Press, Atcom Inc.

Diogenes Laertius. 1966. In *Lives of Eminent Philosophers*. Translated by R. D. Hicks. Cambridge: Harvard University Press.

Du Marais. 1769. *Les Véritables Principes de la Grammaire*.

Dumoulin, Heinrich. 1966. *Östliche Meditation and Christliche Mystik*. Freiburg/Munich: Verlag Karl Alber.

**Eckhart, Meister. 1941. *Meister Eckhart: A Modern Translation*. Translated by Raymond B. Blakney. New York: Harper & Row, Torchbooks.

-. 1950. Edited by Franz Pfeifer; translated by C. de B. Evans. London: John M. Watkins.

-. 1969. *Meister Eckhart, Deutsche Predigten and Traktate*. Edited and translated by Joseph L. Quint. Munich: Carl Hanser Verlag.

-. *Meister Eckhart, Die Deutschen Werke*. Edited and translated by Joseph L. Quint. In *Gesamtausgabe der deutschen and lateinischen Werke*. Stuttgart: Kohlhammer Verlag.

-. *Meister Eckhart, Die lateinischen Werke, Expositio Exodi* 16. Edited by E. Benz et al. In *Gesamtausgabe der deutschen and lateinischen Werke*. Stuttgart: Kohlhammer Verlag. Quoted by Otto Schilling; q.v.

*Ehrlich, Paul R., and Ehrlich, Anne H. 1970. *Population, Resources, Environment: Essays in Human Ecology*. San Francisco: W. H. Freeman.

Engels, F. See Marx, K., jt. auth.

Eppler, E. 1975. *Ende oder Wende* [End or change]. Stuttgart: W. Kohlhammer Verlag.

Farner, Konrad. 1947. "Christentum und Eigentum bis Thomas von Aquin."In *Mensch and Gesellschaft*, vol. 12. Edited by K. Farrier. Bern: Francke Verlag. Quoted by Otto Schilling; q.v.

Finkelstein, Louis. 1946. *The Pharisees: The Sociological Background of Their Faith*, vols. 1 , 2. Philadelphia: The Jewish Publication Society of America.

參考書目

參考書目中收錄了在正文中引用的書籍，但不包括所有撰寫本書時使用的資料。特別推薦作為補充閱讀的書籍以單星號標記。對於時間有限的讀者，推薦的書籍則以雙星號標記。

Aquinas, Thomas. 1953. *Summa Theologica*. Edited by P. H. M. Christmann. OP. Heidelberg: Gemeinschaftsverlage, F. H. Kerle; Graz: A. Pustet.

Arieti, Silvano, ed. 1959. *American Handbook of Psychiatry*, Vol. 2. New York: Basic Books.

Aristotle. *Nicomachean Ethics*. Cambridge: Harvard University Press, Loeb Classical Library.

*Artz, Frederick B. 1959. *The Mind of the Middle Ages: An Historical Survey: A.D. 200-1500*. 3rd rev. ed. New York: Alfred A. Knopf.

Auer, Alfons. “Die Autonomie des Sittlichen nach Thomas von Aquin”[The anatomy of ethics according to Thomas Aquinas]. Unpublished paper.

-. 1975. “Ist die Sünde eine Beleidigung Gottes?”[Is sin an insult to God?]. In *Theologische Quartalsschrift*,. Münich: Erich Wewel Verlag.

*-. 1976. *Utopie, Technologie, Lebensqualitat* [Utopia, technology, quality of life]. Zürich: Benziger Verlag.

*Bachofen, J. J. 1967. *Myth, Religion and the Mother Right: Selected Writings of Johann Jakob Bachofen*. Edited by J. Campbell; translated by R. Manheim. Princeton: Princeton University Press. (Original ed. *Das Mutterrecht*, 1861).

Bacon, Francis. 1620. *Novum Organum*.

Bauer, E. *Allgemeine Literatur Zeitung 1843/4*. Quoted by K. Marx and F. Engels; q.v.

*Becker, Carl L. 1932. *The Heavenly City of the Eighteenth Century Philosophers*. New Haven: Yale University Press.

Benveniste, Emile. 1966. *Problèmes de Linguistique Général*. Paris: Ed. Gallimard.

Benz, E. See Eckhart, Meister.

Blakney, Raymond B. See Eckhart, Meister.

Bloch, Ernst. 1970. *Philosophy of the Future*. New York: Seabury Press.

-. 1971. *On Karl Marx*. New York: Seabury Press.

*-. 1972. *Atheism in Christianity*. New York: Seabury Press.

Cloud of Unknowing, The. See Underhill, Evelyn.

擁有還是存在？

物質占有與精神追求的靈魂抉擇，佛洛姆談人類存在的眞諦

To Have or to Be?

作　　者　埃里希・佛洛姆（Erich Fromm）
譯　　者　梁永安

副 社 長　陳瀅如
責任編輯　翁淑靜
特約編輯　沈如瑩
封面設計　IAT-HUÂN TIUNN
內頁排版　洪素貞
行銷企劃　陳雅雯、張詠晶

出　　版　木馬文化事業股份有限公司
發　　行　遠足文化事業股份有限公司 (讀書共和國出版集團)
　　　　　231新北市新店區民權路108-4號8樓
電　　話　（02）22181417
傳　　真　（02）22180727
電子信箱　service@bookrep.com.tw
郵撥帳號　19588272木馬文化事業股份有限公司
客服專線　0800-221-029
法律顧問　華洋法律事務所 蘇文生律師
印　　刷　呈靖彩色印刷有限公司
初　　版　2025年1月
初版2刷　2025年3月

定　　價　460元
I S B N　978-626-314-769-0（平裝）
　　　　　978-626-314-768-3（epub）

有著作權・侵害必究（缺頁或破損的書，請寄回更換）

擁有還是存在？: 物質占有與精神追求的靈魂抉擇，佛洛姆談人類存在的真諦 / 埃里希 . 佛洛姆 (Erich Fromm) 著 ; 梁永安譯 . -- 初版 . -- 新北市 : 木馬文化事業股份有限公司出版 : 遠足文化事業股份有限公司發行 , 2025.01
　面；　公分
譯自 : To have or to be?
ISBN 978-626-314-769-0(平裝)

1.CST: 佛洛姆 (Fromm, Erich, 1900-1980)
2.CST: 學術思想 3.CST: 哲學

145.59　　113017358

TO HAVE OR TO BE?
Copyright © 1976 by Erich Fromm
First published under the original English
title TO HAVE OR TO BE? by Harper and Row, New York, 1976
Published by arrangement with Liepman AG Literary Agency, through The Grayhawk Agency
Complex Chinese edition copyright © 2025 by Ecus Publishing House
ALL RIGHTS RESERVED
特別聲明：書中言論不代表本社／集團之立場與意見，文責由作者自行承擔